COLLECTION ALPHONSE DAVID

# ESTAMPES

ANCIENNES

ÉCOLE FRANÇAISE XVIIIe SIÈCLE

PIÈCES EN COULEUR

## PORTRAITS, VIGNETTES

AUTOGRAPHES

## DESSINS

**Vente du 28 Novembre au 5 Décembre**

MATIN ET SOIR

**EXPOSITION PUBLIQUE**

LE 27 NOVEMBRE LES ESTAMPES

LE 4 DÉCEMBRE LES DESSINS

Me **DELBERGUE-CORMONT**, Commissaire-Priseur.

M. **VIGNÈRES**, Marchand d'Estampes.

1859

1070 220
591 50 120

Coulin 1901 .75

1360
662 50
1799 25
1132 50
1980 50
869 25
1435 50
1140
2113
1079 25 14694.25

2487 75
1176
779

18298
773
19071 – 25.

# CATALOGUE
# D'ESTAMPES

**DIVERSES ÉCOLES ANCIENNES**

École Anglaise et Moderne

## PORTRAITS, VIGNETTES

**Ornements, Vues, Pièces historiques, Costumes**
**Caricatures**

LIVRES A FIGURES, AUTOGRAPHES

**École Française XVIII^me siècle**

**PIÈCES EN COULEUR**

## DESSINS

ÉCOLE FRANÇAISE XVIII^e SIÈCLE, ET MODERNE

**Formant le Cabinet de M. ALPHONSE DAVID, artiste peintre**

dont la vente aura lieu

**HOTEL DES COMMISSAIRES-PRISEURS**

**Rue Drouot, n° 5**

SALLE N° 5, AU 1^er ÉTAGE

**Du Lundi 28 Novembre 1859 au Samedi 3 décembre**

POUR LES ESTAMPES

**Et le Lundi 5 Décembre, pour les Dessins**

CHAQUE JOUR MATIN ET SOIR

---

Par le ministère de M^e **DELBERGUE-CORMONT**, C^re-Priseur,
rue de Provence, 8,
Assisté de M. **VIGNÈRES**, marchand d'Estampes, rue de la Monnaie, 13
à l'entresol, entrée rue Baillet, 1,
Chez lequel se distribue le présent catalogue

---

**EXPOSITION PUBLIQUE**

Le Dimanche 27 Novembre, de 1 heure à 4 heures, pour les Estampes.
Le Dimanche 4 Décembre, pour les Dessins.

1859

## CONDITIONS DE LA VENTE

Elle sera faite au comptant.

Les acquéreurs payeront, en sus des adjudications, cinq pour cent applicables aux frais de vente.

**On commencera à une heure précise;**

ET LE SOIR A 7 HEURES.

---

M. VIGNÈRES, faisant la vente, se charge des commissions.

NOTA. Toute commission sans prix fixé ou sans limite déterminée sera regardée comme nulle.

M. VIGNÈRES se charge de faire marquer les prix aux catalogues des ventes qu'il a faites; les personnes qui le désirent peuvent s'adresser à lui *franco;* plusieurs amateurs éloignés en ont reconnu l'utilité pour les guider dans leurs achats sur les valeurs des estampes.

Cette intéressante Collection, formée depuis plus de trente ans, contient des pièces très-curieuses et d'une rareté peut-être unique.. Nous attirerons l'attention des amateurs par la désignation de quelques articles pour leur faire juger de son importance.

**Écoles anciennes**, Bega, *Ab. Bosse*, Chodowiecki, Diamantini, Dujardin, *Albert Durer*, Van Dyck, École de Fontainebleau, Claude Gelée, les Ghisi, Goltzius, Hooghe, Leclerc, Lucas de Leyde, Ostade, C. de Passe pièces de Pluvinel avant la lettre, *Rembrandt*, Ribera, Silvestre, Suyderhoef, Vischer, Wierix, Woeriot.

**Les petits maîtres allemands.**

**L'École Anglaise.**

**Estampes modernes** : les œuvres des *Bonnington*, Charlet, *Decamps*, Denon, Gavarni, *Géricault*, Grandville, Ingres, Mercury, Mouilleron, *Louis d'Orléans*, *Marie d'Orléans*, *Prudhon*, Raffet, Carle et Horace Vernet.

**Portraits** : de Mme *du Barry*, par Beauvarlet ; Jeanne d'Arc, par Demarcenay ; la Palatine d'Orléans, par Drevet ; le duc d'Orléans, par H. Dupont ; Mme *Delaroche*, par François ; Gabrielle d'Estrées, par Th. de Leu ; la duchesse Jules de *Polignac*, par le comte de Paroy ; la duchesse de Longueville, par Regnesson ; le général Marceau en pied , en couleur, par Sergent; Marie Leczinska, par Tardieu; Thomas Morus, par Waldor; Charlotte Corday; Elisabeth d'Angleterre; Lantara; La Vallière en carmélite; *Le roi Marat;* Marie-Antoinette; Molière, par Lépicié, avant la lettre; M<sup>me</sup> de *Pompadour* en jardinière, d'après Vanloo; Rabelais, par Sarrabat; Voltaire et autres, etc.

**Vignettes** de Binet, Choffard, Cochin, Eisen, Mariller, Moreau, **Ornements, Vues, Pièces historiques,** curieuses et rares, depuis Jeanne d'Arc jusqu'à Sébastopol, **Costumes, Caricatures, Livres à figures,** Goya, St-Igny, etc., etc., etc., **Autographes.**

**École Française, XVIII<sup>e</sup> siècle;** cette portion est si nombreuse que nous ne citerons que quelques noms : Baudoin, Boucher, Chardin, Eisen, Fragonard, Greuze, Huet, Lancret, Lavreince, Moreau, Pater, Saint-Aubin, Watteau, **Pièces en Couleur :** Bonnet, Debucourt, Demarteau, Guyot, Janinet, Sergent.

**Dessins :** Blarembergne, Boilly, Bouchardon, Boucher, L. Boulanger, Cicéri, David, Debucourt, Decamps, J. Dupré, Flers, Fragonard, Géricault, Greuze, Huet, Ingres, Ch Jacques. Lafitte; Michel, Midy, Prud'hon, Raffet, Saint-Aubin, Titeux, Watteau, Dessins Chinois et Indiens, etc.

# ESTAMPES

## ÉCOLES DIVERSES ANCIENNES.

1 **Albert** (Chérubin). Frises, d'ap. Polydore. Sujets mythologiques ronds et autres. 12 p.

2 **Amman** (L.). Les Métiers. Plus de 100 p. en bois.

3 **Audran** (Les), etc. L'Architecture, la Peinture, etc. Les Sept Arts libéraux, ovales et autres. 10 p.

4 — Mort de Lausus, Achille découvert, Jugement de Salomon, Présentation au temple, Saint Pierre sur les eaux, Saint André, le Parnasse français. 7 p. Pourra être divisé.

5 **Baccio-Bandinelli** (d'ap.). Massacre des Innocents, Atelier, Fac-simile de dessins. 5 p.

6 **Baillu**. Le Christ sur les genoux de la Vierge, d'après Carrache. Très-belle ép.

7 **Barlow** (d'ap.). Oiseaux et autres animaux. 24 p.

8 **Baroche** (par et d'ap.). Annonciation, Sainte Famille, Énée. 3 p.

9 **Baur** (par et d'ap. W.). Costumes et Compositions. 26 p.

10 **Beatrizet** (N.). Statue de Marc-Aurèle. Belle épr.

11 **Béga** (C.). L'Homme la main dans le pourpoint. 10.—La Fumeuse. 11.—La Vieille. 12.—Le Fumeur. 13. — Le Buveur. 16. — Paysan au chapeau bas. 17. — Femme portant un panier. 18.—Paysan allumant sa pipe. 20. — Les Amoureux. 25. — Le Chanteur. 27. — La Mère, 28. — Les trois Buveurs. 29. — La Mère et son mari. 30. — La Cabaretière caressée. 34. — En tout, 15 p. Pourra être divisé.

12 **Bega** (d'ap.). Le Curieux ou le Peintre, par Chenu. La Femme rusée, par Basan. 2 p. très-belles avec marge.

13 **Bella** (Della). Bataille des Amalécites. Belle ép.

14 — Jacob retournant dans sa patrie, avec *cum privilegio* dans la marge. Sup. ép.

15 — Diversi animali fatti. 20 p. Sup. ép. tout marge.

16 — Les Chasses. 9 p. avec marge.

17 — Le Vase de Médicis et Ruines romaines. 4 p.

18 — Sujets tirés de diverses suites. 110 p. Pourra être divisé.

19 **Bellangé**. Les Trois saintes femmes. — La Femme portant le vase sur sa tête. 2 p. Belles.

20 **Berghem**. Les Bergeries, et autres eaux-fortes. 26 p.

21 — (D'après). Six pièces Petites Scènes de pâtres, et deux grandes par les Vischer. 8 p. Très-belles ép.

22 — Scènes villageoises par Dankerts, Aliamet, Lebas, et autres. 46 p., dont plusieurs très-grandes et très-belles ép. Pourra être divisé.

23 **Bloemaert.** Les Baraques, Costumes, Sujets divers. 44 p.
24 — Ermites et Ermitesses. 32 p.
25 **Bois.** Sujets de l'Ancien Testament et autres. Environ 160 p. Pourra être divisé.
26 **Bolswert** (S.-A.). Jésus-Christ ressuscitant et foulant la Mort à ses pieds. — Descente de croix. 2 p.
27 — Triomphe de Sylène, d'ap. Van Dyck. Belle ép.
28 — Sainte Famille. — Adoration des bergers. 2 belles p. d'ap. Bloemaert.
29 — Diverses positions d'hommes tirant l'épée. Belle p.
30 **Bonasone** (J.). Clélie passant le Tibre. 83.
31 — Le Cheval de Troie et autres, 5 p.
32 **Bosse** (Abraham). Costumes de cavalier, et Dame à l'église. 2 p. belles.
33 — Titre. Les Vertus de saint François de Paule. Très-belle.
34 — La Demoiselle recevant la lettre du Capitaine extravagant. Pièce rare, sans texte. Belle.
35 — Le Mort du pauvre, sans titre. — La Mort du riche. 2 p. Belles.
36 — L'Hiver. Très-belle épr. d'une jolie p. de mœurs et d'intérieur familier. On fait des beignets.
37 — L'Oublieur, Pâtissier, Porteur d'eau, Recureur de puits, et autres. 8 p.
38 — Œuvres de miséricorde, Vierges sages, Visite à l'accouchée, l'Ouïe, 8 p.
39 — La Joie de la France. Très-belle ép. d'une belle p. allégorique très-estimée.

40 — Le Mauvais riche à table, entouré de six Scènes de sa mort et de Lazare. Grande pièce avec texte hollandais. Très-belle.

41 **Both.** Paysages, etc., à l'eau-forte. 9 p.

42 **Bourdon** (S.). Sainte Famille, Baptême de l'eunuque, etc. 7 p.

43 — (d'ap.). Saintes Familles, etc. 6 p.

44 **Brebiette.** Bontemps, Ovide, Frises bacchanales. 12 p.

45 **Breughel** (d'ap.). Le Marchand forain endormi surpris par une compagnie de singes. P. drolatique.

46 Paysages divers. 7 p.

47 **Bruyn.** Jésus prêchant dans le désert. Grande et très-belle p.

48 — Jésus portant sa croix, Ecce homo, Saint Jean prêchant. 3 p.

49 — Adam et Ève, Moïse sauvé, la Fournaise, Adoration des mages, Fêtes de parc et de village. 10 p.

50 **Burgmair** (H.). Métiers, Sujets de guerre. 7 p. en bois.

51 **Callot** (par et d'après). Vie de la Vierge, Fantaisies, Varie figure, Grotesques, Misères de la guerre, Mendiants costumés, Bohémiens, Brelan, Entrée de M. Macey, etc., etc. 134 p. Sera divisé.

52 **Carrache** (Annibal). Le Christ de Caprarole et la Copie, Sainte Famille. 11. Avant la retouche, et autre. 4 p.

53 **Carrache** (Augustin). Vierge de Ligozzi. 34. L'Amour réciproque. 119, et pendant non décrit. Les petites Pièces. Orphée. 123. Andromède. 126. Vénus. 129. Les Grâces, 130. Satyre. 133, et Copies. 13 p.

54 **Carrache** (d'après les). Vierges et décorations de plafonds. 34 p.

55 **Caraglio**. Les Divinités de la Fable d'ap. Maître Roux. Les Bords des niches ombrés et cinq copies pour comparaison. En tout, 20 p.

56 **Carpioni**. L'Hommage du petit saint Jean. B. 7. Cadorin, Saint Antoine de Padoue. 11. La Terre. 16. L'Eau. 17. Le Feu. 18. 5 p. à l'eau-forte.

57 **Castiglione**. L'Entrée dans l'arche. B. 1. L'invention des corps de saint Pierre et saint Paul. 14.—2 p. originales. Omnia vanitas et autres d'après. En tout, 5 p.

58 **Chauveau** (F.). Vierge, Jésus et saint Jean servis par des Anges. Très-belle ép. d'une jolie p.

59 — Titres. La Pharsale, le grand Cyrus, Bucoliques, Bréviaire, Muse historique, et autres. Sujets, Batailles, Métamorphoses, etc. 31 p.

60 **Chodowiecki**. Portrait de Gœthe. Belle épr.

61 — Vignettes historiques sur Frédéric II le Grand 24 p.

62 — Vignettes sur l'histoire de France et autres. Proposition de mariage, etc. 34 p.

63 — Vignettes pour divers ouvrages. 45 p. Très-belles.

64 Scènes de famille, d'intérieur, métier, etc. 41 p.

65 **Collaert** (J.). Le Temps enlevant la Vérité, d'après J. Stradan. Très-belle ép.

66 **Corrége** (d'ap.). Jupiter et Io, par Desrochers, Duchange et Bartolozzi. 3 p. Belles.

67 — Léda, avant la lettre.—Danaé, 2 p. très-belles par Desrochers.

68 — La Madone della Scodella, par Ravenet. — Le Christ descendu de la croix, par Rosaspina. 2 p. Belles.

69 — Le Bain de Léda, Porporati; l'Amour désarmé, Guérin. 2 p.

70 — La Vertu héroïque, l'Homme sensuel, Danaé, et Diane que l'on pare. 4 p.

71 — Vierge, Madeleine, Léda, etc. 12 p.

72 **Courtois** (Guillaume). La Peste, ou l'Ensevelissement des morts. R. D. 1. Extrêmement rare. Très-belle ép.

73 **Cuyp**. Six petites eaux-fortes. Groupes de vaches et titre. 7 p. Toute marge.

74 — Vaches qui s'abreuvent, par Antonissen, 1767. Très-belle ép. Toute marge.

75 **Dé** (Maître au). Apollon et Daphné, sujets de Psyché, Tapisseries du Pape, Bataille. 9 p.

76 **Defrey**. Tobie et l'Ange, Isaac et Jacob, etc. 5 p.

77 **Denon**. Fac-simile, d'après les dessins de différents maîtres italiens. 20 p.

78 **Diamantini**. Junon et Minerve sur des nuages, l'Aurore se lance sur terre, semble chasser une femme qui voltige au-dessous vers la droite. Jolie p. non décrite dédiée à Comiti Coriolano Piovene. Octogone. Belle et rare.

79 **Dietrici** (par et d'ap.). Eaux-fortes, Paysag. 8 p

80 **Dominiquin** (d'ap.). Fac-simile, Saint Jérôme par Audran. Sa Communion, Vierge, etc. 13 p.

81 **Dorigny** et autres. Bacchanales. 14 p.

82 — Les Cartons, d'ap. Raphaël. 7 p.

83 **Dujardin** (C.). Les Mulets. 2. La Vache et le Veau. 3. Le Bourg à la montagne. 9. Les deux Cochons. 15. La Femme dans l'eau. 27. Les Vaches, le taureau et le veau. 34. Cette dernière 2 ép. avant la planche coupée. 8 p. Très-belles et anciennes ép.

84 — (par et d'après). Animaux et pâturages. 23 p.

85 **Durer** (Albert). La Vierge aux cheveux courts liés avec une bandelette. B. 33. Superbe épreuve.

86 — Vierge allaitant l'Enfant Jésus. B. 34. Belle.

87 — La Vierge assise embrassant l'Enfant Jésus. B. 35. Superbe épreuve avec filet de marge.

88 — La Vierge donnant le sein à l'Enfant Jésus. B. 35. Très-belle ép.

89 — Le Groupe des quatre femmes nues. B. 75. Très-belle ép.

90 — Saint Georges à pied. B. 53. — Vierge. B. 35. 2 p.

91 — Saint Jérôme dans sa cellule. B. 60. Copie. C. Très-belle.

92 — Cheval de la Mort, Mélancolie, Enlèvement d'Amymone. 4 copies par Wierix. Très-belles ép.

93 — (par et d'après). Saints, Passion, Effets de la jalousie, la Face de Jésus-Christ, et têtes, par Sadeler, etc. 25 p. Pourra être divisé.

94 **Durer**. Bois, Petite passion, Vie de la Vierge, Apocalypse et autres, Fac-simile. 28 p. Pourra être divisé.

95 **Dusart** (C.). La Ventouse, Chirurgien, Fête. 3 p.

96 **Duvivier** (G.). Les Cuisinières. R. D. 5. Très-belle ép.

97 **Dyck** (A. Van). Le Christ au roseau, eau-forte originale avec Naudet. 1809.

98 — (d'ap.). Vierge, par Pontius, Christ au roseau, Divers : Au tombeau, Silène, Renaud et Armide, Christ en croix, par Bolswert, etc. 10 p. Pourra être divisé.

99 **École de Fontainebleau.** Galerie de la salle du bal, par Martin, de Bologne. 16 p. sur 13 feuilles. Superbes ép. Toute marge. Rare.

100 — Assemblée d'hommes et femmes prêts à prendre leur repas. Très-belle ép.

101 — Le Char de Diane, Salamanca, 1541. Très-belle.

102 — Apelles prêt à peindre Alexandre et Campaspe sur un lit. Sujet ovale avec un riche entourage d'ornements et de figures. Belle pièce très-rare.

103 — Sacrifice, Mars et Vénus, Hercule, Alexandre, et autres de la Toison d'or. 17 p. Pourra être divisé.

104 **Edelinck.** Les quatre Cavaliers, d'ap. L. de Vinci.

105 **Everdingen.** Paysages à l'eau-forte. 12 p. Très-belles.

106 **Falck.** Le Feu, Saint Jean prêchant dans le désert. 2 p.

107 **Ferdinand.** Les Vertus innocentes, 1654. 9 p. de Groupes d'enfants.

108 — J'aime le roi, Ma patrie, Je me contente de ma fortune, et autres Groupes d'enfants. 6 p.

109 **Ferg** (d'ap.). Scènes de fêtes villageoises. 2 p.

110 **Fialetti** (par et d'après). Sujets de Vénus et l'Amour. 24 p. originales et Copies.

111 **Flamen.** Canard sauvage, Paon, Oie, Bécasse, etc. Homard, Esturgeon, Cartouches. Maison de M. de Sève, Moulin à poudre à Essonne, Village de Châtillon. 16 p. Pourra être divisé.

112 **Franco** (Batista). Histoire romaine. 9 p.

113 **Galle.** Assomption de la Vierge. Très-belle ép.

114 — Dieu recevant la Vierge enlevée au ciel par les Anges, d'ap. Salimbeni. Superbe ép.

115 — Naissance d'Adonis, les Naïades prenant soin d'Adonis, Saint Thomas d'Aquin, Sainte Agnès de Montepolitiano. 6 p.

116 **Gaultier** (Léonard). Histoire de Psyché et l'Amour. 15 petites pièces.

117 — Titre, L'Arcadie, Inventaire de l'Histoire de France, 1614. Sujets religieux. Adoration des bergers et des mages. 17 p. Plusieurs très-belles.

118 **Gelée** (Claude-Lorrain). La Danse au bord de l'eau. R. D. 6. Très-belle ép.

119 — Le Bouvier. R. D. 8. Très-belle ép.

120 — (par et d'après). Paysages. 9 p.

121 — La Danse, avant la lettre, et autres, par Canot, Vivares, etc. 5 p. Très-belles.

122 **Gessner** (Salomon). Idylles, Paysages à l'eau-forte. 14 p. Plusieurs très-belles. Pourra être divisé.

123 **Ghiberti** (L.). Porte du baptistère de Florence, Assemblage et trois panneaux. 4 p. Toute marge. La Verge d'Aaron et le Serpent d'airain, par Lasinio. 5 p.

124 **Ghisi** (Adam). Petites figures de Michel-Ange. 31 p., avec le titre. 1773.

125 — Hercule portant sa massue, Femme qui se peigne. 2 p.

126 **Ghisi** (Diana). L'Appareil pour les noces de Psyché, d'ap. Jules Romain. Grande p. en trois morceaux.

127 **Ghisi** (Georges). Plafonds en hauteur, d'ap. Bolognese. 2 p. Très-belles ép.

128 — Les Angles de la chapelle Sixtine. 5 p., d'ap. Michel-Ange. Très-belles.

129 — Dispute du Saint Sacrement. — Ecole d'Athènes. 2 très-grandes p. d'ap. Raphaël. Rares.

130 **Ghisi** (J.-B.). Les Troyens repoussant les Grecs jusque dans leurs vaisseaux, d'ap. J. Romain. Sup. ép. Rossi formis. C'est la plus belle p. du maître.

131 **Ghisi** (les). Vénus et Vulcain, Vénus et Adonis, l'Amour et Psyché, le Prisonnier, la Femme adultère, Céphale et Procris. 19 p. Pourra être divisé.

132 **Giorgion** (d'ap.). Jésus et la Madeleine, Judith, etc. 6 p.

133 **Goltzius**. Adoration des bergers. B. 21. Sainte Famille, 24, et autre. 3 p.

134 — La Passion. 9 p. Manque 2, 4 et 12.

135 — Les Apôtres en buste et saint Paul. 13 p.

136 — Les Muses. 8 p. Manque Euterpe.

137 — Mars et Vénus, d'après Spranger. B. 276. Magnifique et première ép., avant la dédicace à Octavie.

138 — Allégorie, les Mois, Sujets gracieux, etc. Environ 50 p. Sera divisé.

139 **Goyen** (d'après Van). Marines. 8 p.

140 **Guaspre-Poussin**. 12 Paysages par Guintotardi. Très-belles ép. Toute marge.

141 — Paysages gravés par divers. 12 p.

142 **Guide**. Sainte Famille, la Fortune. 2 p. à l'eau-forte.

143 — (par et d'après). Vierge, Travaux d'Hercule, etc. 10 p.

144 **Hackert**. Quatre vues du royaume de Naples. Très-belles ép. Toute marge.

145 **Heltz** (d'ap. Van der). La Trève de 1609 entre la Hollande et Philippe II. Gravé par Patas. Superbe ép. avant toute lettre. Marge.

146 **Hogarth** (d'ap.). Maison de fous, Chairing the members, plate IV. 2 p.

147 **Hollar**. Costumes de dames, etc. 15 p.

148 — Portraits, d'ap. Holbein. 4 p.

149 — Animaux, Groupes d'enfants, etc. 10 p.

150 **Hondius** (d'ap.). Chasse au sanglier.

151 **Hooghe** (R. de). Philippe II faisant monter le viatique dans son carrosse. Très-belle pièce.

152 — Vignettes pour les contes de La Fontaine, etc. 50 p.

153 — Sujets allégoriques, historiques, la Paix de Munster, etc. 10 p.

154 — Les Indes orientales et occidentales. 40 p. plus les six cartes et titre, Leide.

155 **Huret** (G.). Titre blanc pour un livre de science. Superbe, et autres 4 p.

156 — Onze pièces de la Passion. Marge.

157 **Jode** (P. de). Costumes d'hommes et dames. 4 p.

158 **Jordaens** (d'ap.). Adoration des bergers, le Jeune Pan, Bacchanale, Satyre et le Paysan, Mercure et Argus. 6 p.

159 **Jouvenet**. La Visitation, Saint Bruno, etc. 5 p.

160 **Klauber**. Petit écolier de Harlem, d'ap. Poelembourg. Sup. ép. marge.

161 **Kobell** (Ferd.). Paysages à l'eau-forte. 12 p. Par et d'ap.

162 **Kolbe** (W.). Paysages et Figures, la Danse et pendant, et d'après Gessner. 25 p. Pourra être divisé.

163 **Laer** (P. de). Chevaux. 5 p. Les Chèvres, les Anes. 7 p. à l'eau-forte. Belles ép.

164 **La Hyre** (L. de). Sujets religieux et mythologiques. 14 p.

165 **Lairesse** (G. de). Sujets religieux, mythologiques, gracieux, Bacchanales, etc. Par et d'après. 45 p. Sera divisé.

166 **Le Brun** (Charles). Les quatre Heures du jour. R. D. 4 à 7. Belles ép. avec adresse de Poisson. État non décrit par R. Duménil. 4 p. Toute marge.

167 — (d'après). Massacre des innocents, Christ en croix, Triomphe d'Alexandre, Saint André, Saint Étienne, les Filles de Jethro, etc., etc. 30 p. Sera divisé.

168 **Le Brun** (d'ap. Mme). La Paix qui ramène l'Abondance, par Viel. Belle ép. marge.

169 **Le Clerc** (Séb.). Entrée d'Alexandre dans Babylone, la figure de face. Belle ép.

170 — Prestation de serment du marquis de Dangeau.

171 — Le Mai des Gobelins. Belle ép. marge.

172 — (Par et d'ap.). La Messe, Costumes, Jeux, Petites Conquêtes, Paysages, Sujets religieux, et autres. 145 p. Sera divisé.

173 **Le Clerc** fils. Les Sens, et autres. 6 p., par Joaurat.

174 **Lepautre**. Traité de l'art des fortifications, le Peintre, etc. 8 p.

175 **Le Sueur** (Eust.). Alexandre et son médecin, le Parnasse, l'Amour, Phaéton, Baptême de Jésus, Saint Laurent, Songe de Polyphile. 8 p.

176 — Martyre de saint Gervais et saint Protais, par Audran.

177 — La Vie de saint Bruno, etc. 20 p.

178 **Londonio**. Groupes et Sujets d'animaux, et Bergeries en hauteur et en travers. Divers formats dédiés al sig. Dundas, Exeter, etc. 39 p. Sera divisé.

179 — Bergeries. 6 grandes p. avec marge.

180 **Lucas de Leyde.** Le grand Ecce homo. B. 71. C'est une des plus considérables du maître.

181 — Le Calvaire. B. 74.

182 — Soldats faisant boire Jésus avant de le crucifier. B. 73.

183 — La Vierge et saint Jean au pied de la croix. B. 75.

184 — L'Homme de douleur. B. 76.

185 — Jésus-Christ en jardinier apparaît à la Madeleine. B. 77.

186 — Retour de l'enfant prodigue. B. 78.

187 — La Vierge sur un croissant dans une gloire. B. 82.

188 — La Vierge et l'Enfant Jésus, assise dans un paysage. B. 84.

189 — Saint Jacques le Majeur. B. 91. Sup. ép.

190 — La Danse de la Madeleine. B. 122.

191 — (Par et d'ap.). Le Christ descendu de la croix. 53. Vierge sur un croissant, Tentation de saint Antoine. 117. La Madeleine. 124, etc. 8 p.

192 **Mallery** (C. de). Sainte Famille servie par un ange. Belle ép.

193 **Manglard.** Paysages à l'eau-forte. 1753 et 54.

194 **Mantegna.** Le Bacchanal à la cuve.

195 **Maratte** (Par et d'ap.). Vierge et Sujets religieux. 6 p.

196 **Masofiniguerra** (d'ap.). Copie, par Pauquet, en 1802, du célèbre Nielle, le Couronnement de la Vierge. Sup. ép. Toute marge.

197 **Matham.** Rubis sur l'ongle, Saint Jean, Andromède, etc. 7 p.

198 **Mellan.** Loth, les Satyres, Vierge, Résurrection, Sainte Scolastique, Tête de Christ d'une seule taille, etc. 14 p.

199 **Meulen.** Batailles diverses.

200 **Meyer.** Nouvelle troupe de Danseurs, Sauteurs, Voltigeurs, le Saut de Borzelbaum. 2 p. de Chiens sauteurs.

201 **Michel-Ange** (d'ap.). Léda. Pièce rare.

202 — Les Tireurs d'arc. Belle pièce.

203 — Le Jugement dernier, figures séparées, Fragments : Angles de voûte de la chapelle Sixtine, etc. 27 p.

204 — Fac-Simile, la Création, la Vie humaine, les Grimpeurs, l'Annonciation, etc. 14 p.

205 **Mignard.** Baptême de Jésus, Mariage de sainte Catherine, Allégories, etc. 9 p.

206 **Moucheron.** Paysages, d'ap. Guaspre. 2 p.

207 **Muller** (Fritz). 1768. Sujets de cochons. 6 p.

208 **Muller** (Jean). Mars et Vénus, etc. 4. p.

209 **Natalis.** Saint Bruno priant, d'ap. Bertholet.

210 **Ostade.** Paysanne qui rit. 2. La Tendresse champêtre. 11, Les Fumeurs. 13. La Cruche vide. 15. La Poupée demandée. 16. Les Harangueurs. 19. Gueux. 20, 22. Homme et Femme marchant. 24. Pêcheurs. 26. Le Savetier. 27. La Chanteuse. 30. Le Peintre. 32. Le Benedicité. 34. Le Rémouleur. 36. Musiciens ambulants. 38. Trictrac. 39. Charcutier. 41. Paiement de l'écot. 42. Le Joueur de violon bossu. 44. Fête sous la treille. 47. 23 p. Sera divisé.

211 **Ostade** (d'après). Scènes de Buveurs, Fumeurs, Joueurs de violon flamands, etc. 38 p. Sera divisé.

212 **Palma** (d'ap.). Bustes de femmes, Saint Sébastien, etc. 10 p.

213 **Parmesan.** Vierges, Diogène et le Coq plumé. Fac-simile de dessins, Toilette de Psyché, etc. 18 p.

214 **Parrocel** (par et d'apr.). Meridies, Retour d'Égypte, etc. 10 p.

215 **Passe** (C. de). Métamorphoses d'Ovide, Sujets religieux, Paysages, etc. 22 p.

216 — 9 Pièces tirées de Pluvinel. Sept de ces superbes épreuves sont avec les noms des personnages manuscrits. Les 4 p. avec les seigneurs au fond s'y trouvent.

317 **Perin del Vaga** (d'ap.). Les Muses et les Pierides. 2 p. par différents graveurs. Les Déesses se préparent au jugement de Pâris. 3 p.

218 **Perrier** (F.). Sainte Famille. R. D. 2 et 3. Statues. 9 p.

219 **Pinelli.** Costumes italiens. 11 p.

220 **Piranesi.** Basilique de saint Pierre au Vatican, Vues et Détails d'architecture. 22. p.

221 **Pitteri.** Sacrement de pénitence, Têtes. 3 p.

222 **Poelembeurg** (d'apr.). Scènes de baigneuses, etc. 6 p.

223 **Ponheimer.** Paysages à l'eau-forte. 15 p.

224 **Poussin** (d'ap. N.). L'Enlèvement de la Vérité, par Audran. Belle ép. avant la draperie.

225 — Renaud et Armide. Sup. ép., par Audran.

226 — Apollon faisant danser Vénus, l'Amour, Bacchus et Mercure, par Avril. Sup. ép. avant la lettre. Toute marge.

227 — Saintes Familles, par Baudet et Poilly, 2 p. Belles.

228 — Mars et Vénus, par Blot. Enlèvement des Sabines, par Girardet. Avant la lettre. 2 p. Belles marges.

229 — Ravissement de saint Paul, Assomption de la Vierge, avec adresses différentes. 4 p.

230 — Sainte Famille, en hauteur et en travers, servie par les anges. 2 p., par Pesne.

231 — Testament d'Eudamidas, par Pesne.

232 — Triomphe de Galathée, par Pesne.

233 — Mort de Saphire. Belle ép., par Pesne.

234 — Paysages. Les quatre Saisons.

235 — Paysages. Phocion, Euridice, etc. 8 p.

236 — Le Temps découvrant la Vérité, par Folo. Très-belle ép. marge.

237 — Sacrements. L'Ordre, le Mariage. 2 p.

238 — Moïse sauvé, par Claudia Stella.

239 — Jupiter et Léda, par Vangelisty. Avec et sans la dédicace à Eugène Napoléon.

240 — Sujets religieux, mythologiques, Peste d'Eaque, Femme adultère, Coriolan, Pyrrhus, etc., etc. 100 pièces. Formeront plusieurs lots.

241 **Primatice** (d'ap.). Les Travaux d'Ulysse, peint à Fontainebleau. Gravé par T. van Thulden. 59 p.

242 **Procaccini** (d'ap.). Création d'Ève, par Hemeri, avant la dédicace. Marge.

243 **Raimondi** (Marc-Antoine). Martyre de saint Laurent. B. 104.

244 — Laocoon et ses fils. B. 243. M. de Ravenne, marge.

245 — Satyre emportant une Nymphe. B. 300.

246 — Vénus sur la mer. B. 223. M. de Ravenne.

247 — Les Squelettes. B. 425. M. de Ravenne.

248 — La Cassolette. B. 489-490. Les 2 épreuves.

249 — Marc Antoine et son école, Massacre des innocents, Jugement de Pâris, Enlèvement d'Hélène, Vierge à la longue cuisse, et autre. 30 p. Pourra être divisé.

250 **Raphaël** (d'ap.). Le Christ et les Apôtres. 13 p.

251 — Les Loges de Chapron. 50 p. Anciennes ép.

252 — Sujets religieux, Vision d'Ezechiel, Saint Georges, etc. 56 p.

253 — Vierges, Saintes Familles, 20 p. Gravures et lithogr.

254 — Fac-simile, par Caylus et autres. 28 p.

255 — Têtes d'après ses tableaux. 30 p.

256 — Les Figures hiéroglyphiques, Cariatydes, Termes, par Audran. 13 p. Sup. ép. toute marge.

257 — Paul et Barnabé, Mort d'Ananie. 2 p. par Audran.

258 — Les Voûtes du Vatican, par Aquila et Mochetti. 10 p.

259 **Rembrandt.** Son portrait avec sa femme. B. 19. Très-belle ép. rognée.

260 — La Circoncision. B. 47. Très-belle ép. avec les parties blanches dans le fond. Papier de Hollande. Grande marge.

261 — La Grande résurrection de Lazare. B. 73. Très-belle ép. du 4e état. Avant beaucoup de retouches dans le fond.

262 — La même. Bonne ép. avec les retouches.

263 — Vieillard à grande barbe et bonnet fendu. B. 265. Très-belle ép.

264 — Menassé ben Israël. B. 269. Belle ép. collée.

265 — Clément de Jonghe. B. 272. Belle ép.

266 — Tête d'homme de face. B. 304. Magnifique ép.

267 — L'Ecce Homo et Descente de croix. 2 grandes p.

268 — Nos 33, 37, 39, 44, 45, 46, 55, 64, 66, 68, 80, 83, 91, 94, 98, 128, 133, 200, 205, 270, 273, 275, 276, 279, 283 290, 295, 344, 349. 30 p. Pourra être divisé.

269 **Rembrandt** (d'après). Philosophe en méditation, Contemplation, Sainte Famille. 4 p.

270 — Eaux-fortes. — Copies et autres compositions. 40 p.

271 — Histoire de Joseph. 10 fac-simile par Caylus, et texte.

272 — La Garde urbaine, par Claussin.

273 — Rembrandt frame maker. Sujet d'ap. F. Bol. 2 belles p., manière noire anglaise.

274 **Ribera**. Saint Jérôme étonné. B. 4.

275 — Tête d'homme à poireaux. B. 9. Superbe ép. avant l'adresse. Marge.

276 — Le Centaure et le Triton. B. 11.

277 — Études d'yeux. B. 15. Superbe. Marge.

278 — Études d'oreilles. B. 17. Superbe. Marge.

279 — Études et le poëte d'après lui. 8 p.

280 **Ridinger**. Histoire de la création de l'homme. 5 p.

281 — Chiens, chevaux, chasses, animaux divers avec les pas. 26 p.

282 **Roettiers** (F.). Sujets de Moïse. 8 p.

283 **Romain** (D'ap. Jules). Triomphe de Bacchus, Apollon et les Muses. Fac-simile, etc. 7 p.

284 **Rosa** (Salvator). Petites figures de soldats, Jason, etc. 57 p.

285 **Rubens.** Chute des anges, Abraham, Loth, Suzanne, Judith, Tomiris, la Vierge, Saintes Familles, Adoration des Bergers, des Mages, Lazare, Cène, Christ en croix, au tombeau, Triomphe de la Religion, les Pères de l'Église, Chasses, Galerie du Luxembourg, Paysages, etc. 100 p. Sera divisé.

286 — La Kermesse. Ancienne et belle ép.

287 — Le Jugement dernier, par Van Orley.

288 **Ruysdael.** Les Deux paysans et leurs chiens. B. 2, et autres paysages d'après lui. 10 p.

289 **Sadler.** Les Quatre parties du monde, d'ap. Th. Bernard.

290 — Orgie avant le déluge, *Ita erit et adventus filii hominis.* Autre Orgie, en riches costumes. 2 p. Belles.

291 — Saint Georges, Saint Christophe, Noces de Cana, Vierges, *Manus manum lavat*, etc. 24 p.

292 **Saenredam.** Les Nymphes de Diane, la Charité, etc. 7 p.

293 — La Baleine sur les côtes de Hollande, en 1600, visitée par le comte de Nassau. Belle p. historique.

294 — Allégorie sur la Fédération de la Belgique. Sup. ép.

295 **Scalberge.** Sujets de Vénus et l'Amour. 7 p. Très-belles.

296 **Schiaminossi.** La Madeleine enlevée au ciel par cinq enfants. Jolie composition d'ap. Cangiase.

297 **Schut** (C.). Sujets de Vierges. 13 p. à l'eau-forte.

298 **Seghers** (d'ap.). Saint François, Reniement de Saint Pierre. 2 p.

299 **Silvestre** (Israël). Les Petits Augustins, les Bons Hommes, La Sainte-Chapelle, le Louvre, etc. Vues de Paris.

300 — France, Fontainebleau, Meudon, Liancourt, etc. 30 p.

301 — Les Thuileries, Sceaux, etc. 8 grandes p.

302 — Les Fables, Groupes d'enfants, Allégories. 15 p.

303 **Steen** (d'ap.). Compositions d'intérieurs flamands. 4 p.

304 **Stoop**. Sujets de chevaux à l'eau-forte. 6 p.

305 **Storer** (Jean-Christophe). Bacchale où Sylène est assis sur un léopard. Eau-forte d'une grande vigueur. Rare.

306 **Suyderhœf**. Les Trois vieilles Buveuses, ou Sorcières.

307 — Le Joueur de violon, Jan-de Moff. Belle ép.

308 — Les quatre Bourgmestres, d'ap. Keyser.

309 — Le Bal et le Coup de couteau. 2 p. d'ap. Ostade.

310 — La Paix de Munster. Très-belle ép., grande marge, d'une des plus importantes du maître.

311 **Swanevelt** (H.). Paysages à l'eau-forte. 33 p. 2 lots.

312 **Tanjé**. Corps de garde des officiers hollandais, d'ap. Troost. Très-belle ép.

313 **Tempeste**. Ordre de la calvacade du Grand Turc. En 5 feuilles jointes.

314 — Métamorphoses, Chasses, etc. 33 p.

315 **Teniers** (d'ap.). Sujets flamands, Fêtes, etc., par Lebas et autres. Plus de 80 p. Sera divisé.

316 **Terburg** (d'ap.). Enfant cherchant les puces à son chien, par Verelst. Superbe ép.

317 — Le Coup réfléchi, Militaire offrant de l'or, etc. 4 p.
318 **Teste** (P.). Vierge, Allégories diverses. 12 p.
319 **Tiepolo** (J.-B.). Caprices. Cahier de 10 p. et titre.
320 — Fuite en Egypte et autres, d'après lui. 5 p.
321 **Tintoret** (d'ap.). Massacre des Innocents, portraits de Doge, etc. 10 p.
322 **Titien** (d'ap.). Le Sommeil, par Romanet. Très-belle ép., marge.
323 — Vénus et Danaé. 2 p. gracieuses.
324 — Triomphe de la Mort, du Christ, etc. Les quatre Triomphes de Pétrarque, par Pomarède.
325 — Portraits d'hommes et de femmes. 15 p.
326 — Sujets gracieux, allégoriques, etc. 17 p.
327 — Vierges, Sujets religieux. 19 p.
328 **Vael** (C. de). Enfant prodigue et autres. 7 p.
329 **Vandermeer** (d'ap.). Paysages, effets de nuit, 12 p.
330 **Velasquez** (d'ap.). Reddition de la place de Breda. Lithog. par Craene, d'ap. le tableau à Madrid.
331 **Velde** (d'ap. Ad. V.). Le Point du jour, Schvelingue, etc. 7 p.
332 **Velde** (J. Van). Histoire de Tobie, paysages, etc. 26 p.
333 **Verboeckoven**, 1833. Troupeau passant un gué.
334 **Verdier** (d'ap.). Histoire de Samson, etc. 9 p.
335 **Verkolie.** Le Peintre d'après le modèle, Vieillard montrant une estampe. 2 p. d'ap. Houbraken.
336 — Orgie dans un parc, d'ap. Veenix.

337 **Véronèse** (d'ap.). Noces de Cana, Vierge, le Respect, etc. 8 p.

338 **Vico** (Ené). Vases II, VII. 2 p. Sup. ép.

339 — Combat des Amazones. B. 14. Sup. ép.

340 — Léda, les Muses et les Piérides, etc. 7 p.

341 **Vignon** (par et d'ap.). Saint Laurent. Superbe. Nouveau Testament, Femmes fortes. 6 p.

342 **Vischer** (Corneille). Les Musiciens ambulants, d'ap. Ostade.

343 — Les Patineurs, d'ap. Ostade.

344 — Vues prises en Hollande. 12 p. Belles.

345 — Buveurs, Sujets d'ap. Berghem et autres. 12 p.

346 **Vischer** (Jean). Danse au cabaret, Nox, etc. 6 p.

347 **Vorsterman** (L.). Portraits d'après divers. 6 p.

348 **Vos** (Martin de). Sujets religieux et allégoriques. 10 p.

349 **Vouet** (d'ap.), par Daret. Vierges, Sujets religieux. 7 p.

350 — Par Dorigny. Sujets religieux et mythologiques. 22 p.

351 **Vouvermans** (d'ap.). Sujets de chevaux. 50 p. par Moyreau et autres. Pourra être divisé.

352 **Waterloo.** Paysages. 37 p. Plusieurs grands.

353 **Weirotter.** Paysages. 49 p.

354 **Wierix** (Jérôme). Saint Michel terrassant le dragon. Très-belle ép.

355 — Le Rosaire, nos 3 et 4. 2 p. Très-belles.

356 — Crucifixion, *Prodigiosa elevatio*, le Chemin de la vie, etc. 4 p.

357 **Wierix** (Jean). Les quatre Éléments, représentés par des femmes. Allégorie. Très-belle ép.

358 **Wocher**, 1785. Scènes de paysans de Berne. 4 petites p.

359 **Woeiriot** (Pierre). Bataille de Constantin contre Maxence, d'ap. Raphaël. R. D. 208. P. rare.

360 Fac-simile de dessins, d'après les maîtres italiens. 26 p.

361 **École allemande**. Sujets religieux, d'après Overbeck, Steinle, Veith, etc. 17 p.

## PETITS MAITRES.

362 **Aldegraver**. Adam, 11. — Loth, 14, 17. — Ammon, 27, 28. — Suzanne, 30, 32. — Sophonisbe, 62. — Diane, 75. — Hercule, 95. — Hercule et Anthée, 96. — Thisbé, 102. — Charité, 122. — Avarice, 129. — Souvenir de la mort, 134. — Danseur de noces, 160, 164. — Rinceau d'ornements, 201. — 21 p. Pourra être divisé.

363 **Beham** (Barthélemy). La Vierge au pot de fleurs. B. 6. Très-jolie petite p. d'un maître très-rare.

364 **Beham** (Sebald). Judith 1 . Belle.

365 — La Vierge au perroquet, 19. Très-belle ép.

366 — Léda, 112. Jolie p.

367 — L'Enseigne et le Tambour, 199. Très-belle.

368 — Vignette au mascaron. 228. Très-belle.

369 — Saint Pierre, 43. — Danseurs de noces, 155, 156, 160, 161, 162, 163, 167, 171, 181. — 11 p.

370 **C.-B.** Danseurs de noces. 2 groupes. 2 très-petites pièces.

371 **Bry** (Th. de). Écus d'armes surmontés de beaumes et avec figures en costumes pour supports, avec arquebusier et chevalier cuirassé. Ep. très-belles.

372 — Entourages différents d'ornements avec figures, Costume de commandant et son écuyer, Concert, etc. 5 p.

373 — Frise avec sept groupes de danseurs. Très-belle ép.. marge.

374 — Triomphe de la mort. Très-belle ép. avec une petite marge.

375 — Fête de village d'ap. S. Beham: C'est une des belles pièces du maître, avec une petite marge.

376 — Triomphe de Bacchus, d'ap. Jules Romain.

377 — Le Capitaine des Folies. Superbe ép. d'une pièce dont l'entourage est très-grotesque.

378 — Assemblée de fête vénitienne. Très-jolie réunion de riches costumes. Pièce ronde. Belle ép.

379 **Gérard** (Marc). Hercule, Ecce Homo, l'Air. 2 compositions différentes. 4 p.

380 **Metsis** (Corneille). Groupes de danseurs boiteux. 4 p.

381 **Pencz** (Georges), 1500 à 1550. Loger les pèlerins. B. 62. Superbe ép. ronde.

382 — Titus Manlius. L'instrument du supplice est une guillotine.

383 — Abraham, Joseph, Tobie, Jésus et les enfants, Musique, etc. 6 p.

384 **Solis** (Virgile). Massacre des Innocents et autre pièce en forme de frise, Intérieurs d'architecture. 6 p.

385 **Stephanus**. Sifflet pendeloque, Triomphe de Galathée. Très-belle p.

386 — La Genèse. 32 p.
387 — Ornements, frises, la Genèse, etc. 31 p.
388 — Naissance de saint Jean ; la plus grande pièce du maître.
389 **Trew** (Martin). Groupe de danseurs. Pièce rare.

## ÉCOLE ANGLAISE.

390 **Anonyme.** La lanterne magique du temps, faisant voir aux quatre parties du monde la révolution américaine causée par la taxe sur le thé. Très-belle ép., lettre grise.
391 — B. G. F. Phaéton. Manière noire rare. Belle.
392 **Earlom.** La Famille de Georges III et autres. 4 p.
393 **Murphy.** Le Tigre. Superbe ép. sur chine.
394 **Reynolds** (Sir Joshua). Ugolin, portraits en pied, Enfants avec chien, etc., etc. 23 p. Pourra être divisé.
395 **Reynolds** (S. W.). Portraits divers. 6 pièces proof.
396 **Smith.** Les deux Amies. — Contemplation. 2 p.
397 **Strange.** Le Jugement d'Hercule, d'après N. Poussin. Superbe.
398 — Vénus parée par les Grâces, d'ap. le Guide. Très-belle.
399 — Joseph et Putiphar, d'ap. le Guide.
400 — Vénus, — Danaé, d'ap. Titien. 2 p. très-belles.
401 — Vénus et Adonis, d'ap. Titien. Très-belle.
402 — Charles Ier et son cheval, d'ap. Van Dyck.

403 **Vivares.** Paysages d'ap. Claude Lorrain. 2 p.

404 **Ward.** Pointers. — Setters. — Children throwing snow balls. — Joseph présentant son père à Pharaon. 4 p. Pourra être divisé.

405 **West** (d'ap.). Benjamin West et sa famille, par Facius.

406 — La Bataille de Boyne, par J. Hall. Belle ép.

407 — La Pythonisse d'Endor, par Scharp. — Epponina, etc. 5 p.

## ESTAMPES MODERNES.

408 **Adam** (Victor). Chevaux divers, etc. Plus de 40 p.

409 **Anderloni.** Vénus et Adonis. Ép. avant toute lettre, déchirée.

410 **Angel** (S.). The rival suitors, d'ap. Fragonard. (C'est la courtisane de Sigalon.) Sup. ép. toute marge.

411 **Aubry** (Charles). Histoire pittoresque de l'équitation. 12 p. et une feuille de texte.

412 **Barye.** Étude de chats, Tigre, etc. 3 p.

413 **Bellanger.** Costumes militaires, couleur. 7 p. et autres. En tout 18 p.

414 — Choix de sujets d'albums, croquis, etc. 57 p. Belles ép. Pourra être divisé.

415 **Bervic.** Saint Jean au désert, d'ap. Raphaël.

416 — Le Repos, d'ap. Lépicié. Très-belle ép.

417 — L'Innocence, d'ap. Mérimée. Belle ép.

418 **Blanchard.** Andromède, d'ap. Colin. Superbe ép. Chine, avant la lettre.

419 **Blery** (Eugène). Forêt. Plantes patience d'eau. 2 p.

420 **Blot**. Marcus Sextus, d'ap. Guérin. A été encadré.

421 **Boilly**. Deux enfants, l'un assis sur un fauteuil. Belle lithog. sur papier de couleur. Rare. *Jul. B. y. août 1830.*

422 — Paysages à l'eau-forte. 2 p. claire-voie.

423 **Bonnington** (R. P.). La Villageoise, ballade.

424 — La Prière, les Plaisirs paternels, le Retour, le Repos, la Conversation, le Silence favorable. 6 p. toute marge.

425 — Quatre pièces des mêmes, en couleur.

426 — Architecture du moyen âge, titre, Caen, Abbeville, Beauvais, Bergues, Caen, église Saint-Sauveur, maison grande rue Saint-Pierre, Lillebonne, Rouen, Cathédrale Notre-Dame avant l'incendie de 1822, Entrée de la salle des Pas-Perdus. 9 p. imprimées avec ton jaune,

427 — 6 pièces, même suite, Chine et blanc.

428 — Abbaye de Tournus, Église de Brou, tombeau de Marg. de Bourbon, Château d'Arlay, Pierre de Vaivre, Croix de Moulin-les-Planches, Rue Faubourg de Besançon. 7 p. Chine. Tirées de Taylor.

429 Entrée de la rade de Rio-Janeiro. Chine. — Embouchure de la rivière Coxoera. 2 p. d'ap. nature.

430 — Vues d'Écosse, Châteaux, publiés par Colnaghi, 1828. 10 p. sur Chine rares, avec la vignette le Duel. 11 p.

431 — D'ap. Pernot. 4 p. chine et blanc.

432 — (D'après). Son portrait gravé à l'eau-forte, par M. F. Villot. Ép. sur chine.

433 — Par et d'après lui. 23 p. dont les Reynolds avant la lettre, etc. Sera divisé.

434 **Boulanger** (par et d'ap. L.). Saint Marc, un Pâtre, Judith, Dante, Noces de Gamache, etc. 6 p.

435 **Bovinet**, d'ap. Ostade. Le Maître d'école. Sup. ép. d'eau-forte pure, toute marge. — La même, terminée. 2 p.

436 **Bruno** (d'ap.). Anatomie du cheval. 10 p. grand papier.

437 — Anatomie du cheval. 12 p. noir et couleur.

438 **Caron** (Ad.). La Duchesse de Berry et ses enfants, avant la lettre. Blanc. Sup. ép., toute marge.

439 — La même, avant la lettre. Chine. Sup., toute marge.

440 **Caron** (Toussaint). Le Lévite d'Éphraïm. Avant la lettre. Chine. Sup. ép., toute marge.

441 **Charlet**. Nous donnons les numéros du catalogue Lacombe, pour faciliter les amateurs dans leurs recherches.

442 — Son portrait, par Dupré. Papier de Chine, avant la lettre.

443 — Le même, papier blanc. Très-belle ép. avec la lettre.

444 — Son portrait par lui-même, d'ap. Etex, sur Chine, n° 1.

445 — Napoléon, 9, 11 et 18 bis. Extrêmement rare. 3 p. Pourront être divisés.

446 — La Bienfaisance, 32. Très-belle ép. rare.

447 — La Bienvenue, 35. Très-belle ép. rare.

448 — 26, rare. 39 et 44. colorié, très-rare, 3 p.

449 — Grenadier de Waterloo, 39. Très-belle ép.

450 — Les Invalides en goguette, 50. Très-belle, rare.

451 — M. Pigeon en grande tenue, 53. Belle, rare.

452 — Le Vin de la comète, 56. — Que dit-on? 58. — On dit, 60. — Gaspard l'Avisé, 65. 4 p.

453 — Quatre sujets sur 2 feuilles. 70, 71, 72, 73. Très-belles.

454 — L'Instruction militaire, 83. — Le Soldat musicien, 84. 2 p. très-rares et très-belles.

455 — L'Aumône, 87. 1er état, avant la lettre.

456 — Doucement, la Mère Michel, 101, 1er état. Rare. Très-belle.

457 — J'attends de l'activité, 94. — Bonisselle, 103. — Macon, 104. 3 p. dont 2 rares.

458 — Siége de Saint-Jean d'Acre, 107. Très-belle ép. rare.

459 — Siége de Saint-Jean-d'Acre, 108. Très-belle ép. extrêmement rare.

460 — Costumes militaires, 113, colorié, rare, 118, noir. Très-rare. 2 p.

461 — Costumes militaires à la plume, coloriés. 127, 130, rares. 131, 132, 137, 141, 150, le 153 extrêmement rare. 8 p.

462 — Grenadier à pied, vieille garde. 156. rare. Très-belle ép.

463 — La Garde impériale. 30 p. — 157 à 186. Très-belles et anciennes ép. avec les adresses de remarque et le no 29 au lieu de 30. Rare, demi-rel.

464 — Costumes militaires. 170, 172, 178. 3 p.

465 — Costumes infanterie, 1809. 12 p. Complet, toute marge. Très-belles ép, rares et très-rares.

466 — Infanterie. Carabinier, 204. Voltigeur, 205. 2 p. très-belles.

467 — La Boule de neige, 207. Avant la lettre.

468 — Le Pauvre diable, 269 — 270. 2 p. très-belles. — 273 — 274 — 276 — 277 — 279 — 287 — 303 304. 10 p. Pourront être divisées.

469 — J'obtiens de l'activité, 275. Superbe ép.

470 — Vieillard. sa casquette à la main, 382. Croquis très-rare.

471 — Volons à la frontière, 493. Rare. — Le Vieux bailly, 495. — L'Aveugle, Fidèle y court, 501.

472 — Sujets divers de l'artiste. Tête de musique et autres, de 308 à 513. — 25 p. Pourront être divisées.

473 — 1823. Cahier, croquis. 17 p. Complet. Plusieurs avant les numéros.

474 — 1824. Depuis 534 à 585. 24 p. Pourra être divisé.

475 — 1825 et 26. Depuis 596 à 558. 26 p. Pourra être divisé.

476 — 1827 et 28. Depuis 660 à 725. 26 p. Pourra être divisé.

477 — 1829 à 31. Depuis 727 à 781. 33 p. Pourra être divisé.

478 — 1832 à 35. Depuis 786 à 866. 41 p. Pourra être divisé.

479 — Alphabet moral à l'usage des petits et des grands enfants. 25 p. Cahier complet, 840.

480 — 1836 et 37. Depuis 868 à 911. 37 p. dont ceux de Bruxelles. Pourra être divisé.

481 — Par et d'après lui. Environ 100 p. Plusieurs lots.

482 **Cornelius** (d'ap.). Aus dem Paradies von Dante. Gravé par Schaeffer. Très-belle ép. toute marge.

483 **Cousin** (H.). Vittoria d'Albano, d'après H. Vernet. Superbe ép. avant la lettre, Chine, toute marge.

484 **Cousins** (Samuel). Lady Dover and Agar Ellis, d'ap. Lawrence. Sup. ép. toute marge.

485 **Decamps.** *Eaux-fortes originales.* Paysan breton jouant du biniou. 2 ép. différents états. Anonyme.

486 — Le Petit ânier turc, sur Chine, avant toute lettre.

487 — Le Corps de garde turc, sur Chine, avant toute lettre.

488 — *Lithographies originales.* Le Thermomètre, Massacre de Scio de l'Album; le Savoyard et le singe. 3 p.

489 — Scènes orientales, Marine, Moissonneurs. 5 p. très-rares, probablement pour titre de musique. Lith. d'Engelman.

490 — Le Coup décisif, Patrouille à Smyrne, Récréation, une Rencontre, les Mendiants, le Petit-Savoyard, etc. 7 p. de l'artiste.

491 — 14 p. avec différences tirées des croquis par divers artistes.

492 — Sujets de chasses. 8 p. diverses.

493 — Chameau, Croquis de chasses et autres. 6 p.

494 — Croquis divers. 6 p.

495 — Caricatures, Grands sauteurs, Classe de Français, Camarade, on n'entre pas en veste, Pasquinade, etc. 7 p. Pourra être divisé.

496 — Pièces diverses. 12 p.

497 — (D'après), par Alophe, Bouquet, Chalamel, Freeman, Garnier, Laroche, Leroux, Montigneul, Prevost, Rouargue, Veyrassat. 20 p. Pourront être divisées.

498 **Delacroix** (Eugène). Lion de l'Atlas, Médée furieuse, Christ au Jardin des Oliviers, etc. 5 p.

499 **Delaroche** (d'ap.). Cromwell, par Maile. Jeanne Gray. Saint Vincent de Paule, etc. 6 p.

500 **Demarne**. Compositions d'animaux. Lithog. par lui. 6 p.

501 **Denon**. Le Taureau, de P. Potter. Très-belle ép. de la plus grande p. du maître. Marge.

502 —L'Innocence traînée au tribunal de l'ignorance, d'ap. Raphaël, Chine.

503 — Les Lions de Quadal. Superbe ép. avant toute lettre, marge. C'est la pièce la plus recherchée.

504 — Grandes compositions, d'ap. Carrache, Corrége, Raphaël, Tintoret, Rembrandt, Sneyders, etc. 20 p. Pourront être divisées.

505 — Sujets divers, Paysages, Animaux, Croquis, Portraits, etc. Plus de 200 p. Seront divisées.

506 **Detouche** (L.), 1841. L'Aumône, le Prisonnier. 2 p. à l'eau-forte, d'après ses tableaux.

507 **Desnoyers**. Bélisaire, d'ap. Gérard. Très belle ép. avec le cachet à deux têtes.

508 L'Amour, l'Amour et Psyché, l'Espérance, d'ap. Caraffe. 3 p.

509 **Devéria**. Macédoine, Sujets divers, Costumes, Contes de La Fontaine, etc. Environ 50 p. Pourra être divisé.

510 **Diaz**. Croquis, nos 1 et 4. 2 p. lithog.

511 **Dieu**. Les Sybilles, d'ap. Raphaël. Très-belle ép., toute marge. Très-grande p.

512 **Dreux** (Par et d'après Alfred de). Chevaux, Courses, etc. 15 p.

513 **Drolling** (D'ap.). Maison à vendre, Salle à manger. 5 p.

514 **Dupont** (Henriquel). Agnès tombée de cheval. Sup. ép. avant la lettre. Chine. Avec dédicace à M. Denon.

515 — Une Ecole en Turquie, d'ap. Decamps.

516 — Le Relancé du sanglier, d'ap. Jadin.

517 — Michel Ange et son domestique malade. Sup. ép. avant la lettre, grand papier.

518 **Dupré.** Vue à Alençon, Southampton, Moulin de la Sologne, en Normandie, Paccages du Limousin. 3 p. dont 3 sur Chine, grand papier.

519 — Berger. Jolie eau-forte, avant et avec le nom de Collignon.

520 **Eaux-fortes,** par Collignon, Français, Segé et autres, d'ap. des tableaux d'exposition, etc. 22 p.

521 — Paysages, dans le goût de Flers. 6 p. Anonymes.

522 **Gautherot** (D'ap.). Le Convoi d'Atala. Très-belle ép. d'artiste, avant toute lettre; les marges pleines d'essais de pointe.

523 **Gavarni.** Etudes d'enfants. 12 p.
— Journal l'Artiste et autres. 12 p.
— Les Actrices. 13 p. Ép. du journal.
— Affiches illustrées, l'Argent, la Boîte aux lettres, les Bosses, etc. 18 p.
— Le Carnaval, le Carnaval à Paris. 22 p.
— Chevalier de Nogaroulet, Clichy, les Coulisses. 15 p.
— Les Débardeurs. 23 p.
— Le Dimanche, l'Eloquence de la chair. 20 p.
— Les Enfants terribles. 38 p.
— Les Etudiants de Paris, Fantaisies. 15 p.
— Fourberies de femmes. 40 p.
— Impressions de ménage. 26 p.
— Interjections, Leçons et conseils, M. Loyal, Maris vengés, Martyrs, Masques et visages, etc. 16 p.
— Les Lorettes. 67 p.

— Hist. du Costume, Modes d'Human, Musiciens, Nuances du sentiment. 30 p.
— Œuvres nouvelles, Balivernes, Carnaval, Impressions de ménages, le Parfait créancier, etc. 34 p.
— Paris le matin, le soir, Plaisirs champêtres. 10 p.
— Politique des femmes.
— Revers des médailles, Souvenirs du bal Chicard, Traduction en langue vulgaire, Transactions. 13 p.
— La Vie de jeune homme. 17 p.
— Plus de 100 p. divers. Seront divisées.
Cet article formera plusieurs lots.

524 **Gérard**. L'Amérique soutenue par le Commerce et la Sagesse. Sup. ép. avant la lettre, par Roger.

525 — Grandes vignettes, pour Daphnis et autres. 6 p.

526 **Géricault**. Sujets de chevaux, Hussards, Courses, Charge de cavalerie, Postillon, etc., Claire-voie. 8 p.

527 Etudes de chevaux d'ap. nature, Chevaux anglais, arabe, ardennais, d'Auvergne, cauchois, égyptien, espagnol, flamand, mecklembourgeois. 10 p.

528 — Lion dévorant un cheval. — Cheval noir. 2 p.

529 — 4 pièces genre lavis, Cheval prêt à sauter la barrière, Cheval nu, Maréchal-ferrant, Jockey, avec différence. 5 p.

530 — Le Giaour, la grande planche avant toute lettre. — Le même réduit, avec *le Giaour*. — Funérailles d'un prince entouré de moines. — Chevaux de ferme. — Le Maréchal. — Le Postillon. 6 p.

531 — Shipwreck of the Meduse. Petite pièce à la plume, faite à Londres.

532 — Quatre sujets ayant rapport à la Méduse. Attribués et d'après lui.

533 — Sujets dessinés à la plume sur carton-pierre, le Marchand de poisson, Lion dépeçant un cheval, Cheval commun, les trois Enfants et le Baudet. 4 p. rares.

534 — An Arabian horse. — A party of life Guards. 2 p. lithog. en Angleterre. Rares.

535 — Charette de blessés militaires. Très-rare.

536 — Boxeurs. Sup. ép. Très-rare.

537 — Le Factionnaire suisse au Louvre. Sup. ép. Très-rare.

538 — Passage du mont Saint-Bernard. 1er état avant le ciel abîmé. — La même, le ciel abîmé. — Marche dans le désert. 3 p.

539 — Les grands Chevaux. 12 p., dont le titre.

540 — Pièces diverses. 12 p.

541 — (D'ap.). La Méduse, Chevaux, Chasseur à cheval, Sujets divers. 30 p., par Colin, Volmar et autres. Pourront être divisées.

542 **Girardet.** Le Camée de la Sainte-Chapelle, Gladiateur et autres. Avant la lettre. 4 p. Superbes.

543 **Girodet** (D'ap.). Ariadne abandonnée, par Roger. Sup. ép. toute marge. Jolie vignette.

544 — Vignettes pour Anacréon, par Girardet. 3 p.

545 — Pygmalion, par Bein. — Et pendant, par Muller. Deux très-belles vignettes sur Chine, avant la lettre.

546 — Vignettes de divers formats, et lithog. 14 p.

547 — Les Amours des dieux. 8 p. sur Chine.

548 — Tête de baigneuse, Galathée, Ariane, par Aubry Lecomte; Endymion, avant le nuage. 6 p.

549 **Grandville**. Voyage pour l'éternité, colorié. 6 p.

550 — Caricatures, bois, etc. 6 p.

551 — Les Métamorphoses du jour. 68 p. coloriées. Vol. oblong, demi-rel.

552 **Grenier**. La petite Chapelle, Chasse, etc. 10 p.

553 **Gros**. Arabe du désert. 2 sujets différents. Lithog.

554 **Gudin** (Louis et Théodore). Marines, etc. 15 p.

555 **Guérin**. Le Repos du monde. — Qui trop embrasse mal étreint. 2 p. Superbes ép. avant toutes lettre.

556 — Les mêmes, et le Paresseux, 3 p.

557 — Par et d'après lui. 5 p.

558 **Hersent**. Contes de La Fontaine, Baigneuses. 8 p.

559 **Huot**. Jeunesse et vieillesse de Voltaire. 2 p.

560 **Ingres**. Odalisque, 1826. Jolie p. Très belle ép. originale.

561 — (D'ap.). Le Poussin, en pied; la Femme adorée par tous les peuples, par Fauchery. Avant la lett. 2 p.

562 — Françoise de Rimini, par Aubry Lecomte. Chine.

563 — Odalisque, par Sudre. Très-belle ép. Chine.

564 — La même, sur blanc, sans aucune lettre.

565 **Isabey** père et fils (Par et d'ap.). Marines, etc. 10 p.

566 **Jacques** (Charles). Cour de ferme. 2 ép. avec différences, dont la vache effacée. Superbes ép.

567 — Différents sujets à l'eau-forte. 17 p. Pourra être divisé.

568 **Jazet**. Salon de 1823. Charles X distribuant les récompenses aux artistes, d'ap. Heim. Très-grande pièce, toute marge.

569 **Jeanron**. Eaux-fortes. 4 p.

570 **Johannot** (Alfred et Tony). Vignettes à l'eau-forte, pour Fen. Cooper et autres. Lithog., etc. 28 p.

571 — (D'ap.). Vignettes et lithog. 18 p.

572 **Lami** (Eugène). Camp de Lunéville, Voyage à Londres, en couleur, Croquis, etc. 15 p.

573 — Bal costumé et Quadrille de Marie Stuart. 15 p.

574 — (D'ap.). Le Départ, l'Arrivée et autres. 8 p.

575 **Laugier**. Sainte Anne, la Vierge et l'Enfant Jésus, d'ap. Léon. de Vinci. Sup. ép. Les immenses marges sont tachées.

576 **Lemud**, Maître Wolframb. — Hélène Adelsfreit. 2 p. lithog.

577 **Louis** (Aristide). Mignon regrettant la patrie. Mignon aspirant au ciel. 2 p. d'ap. Scheffer. Superbes ép. sur Chine, toute marge.

578 **Lucas**. Paradis terrestre. — Tour de Babel. — Départ des Israélites. — Festin de Balthazar. 4 p. d'ap. Martins. Sup. ép. toute marge.

579 **Marvy**. Eaux-fortes, d'ap. Diaz, Flers, etc. 12 p.

580 **Mayer** (D'ap. Mlle). La Mère heureuse, la Mère malheureuse, le Rêve du bonheur. 6 p.

581 — L'Innocence préfère l'Amour à la Richesse, par Roger. Sup. ép. Chine. — La même, sur blanc. — La même, eau-forte pure. 3 p. Pourra être divisé.

582 **Mercury**. Les Moissonneurs dans les marais Pontins, d'ap. Léopold Robert. Ep. sur Chine.

583 — Jeanne Gray. Ep. d'eau-forte, la tête du bourreau seulement, les autres figures au trait.

584 **Monnier** (Henri). Les Contrastes. Cahier de 6 p.

585 — Sujets divers, les Grisettes, etc. 7 p.

586 — Rencontres parisiennes, etc. 8 p.

587 **Morel.** Serment des Horaces, d'ap. David. A été encadré.

588 **Morghen** (R. et A.). Transfiguration. Avant la lettre. A été encadrée.

589 **Mouilleron.** D'ap. Diaz, Robert Fleury et autres. 15 p.

590 — Sujets de têtes de romances. 135 p. lithog.

591 **Muller** (H.-C.). Le petit saint Jean, d'ap. Luini. Superbe ép. Lettre grise. Toute marge.

592 **Nanteuil** (Célestin). Eaux-fortes, d'ap. E. Delacroix et autres. 8 p.

593 **Orléans** (Louis d'), *del. et sculp. 1834.* Cadet, cheval de trait. Jolie eau-forte. Très-rare. Sup. ép.

594 **Orléans** (Marie d'). Les Adieux du prisonnier. Eau-forte. Très-rare. Superbe ép.

595 **Overbeck** (D'ap.). Jésus au milieu des docteurs, par Ruscheweyh.
— Le même sujet. Grande lithog., par Koch.

596 **Porporati.** Vénus qui caresse l'Amour. Très-belle ép. A été encadrée.

597 **Potrelle.** L'Amour et Psyché, d'ap. David. Sup. ép. avant la lettre. Chine. Toute marge.

598 **Prout.** Lillebonne, Normandy; On the Thames. 2 p.

599 **Prudhon.** Son portrait, in-8, au trait, d'après Boilly. Lithog. par Boilly, in-4. Lithog. par Voiart, gr. in-8. Blanc et Chine, 4 p. Très-belles. Pourront être divisés.

600 — Homme, en buste. Avant toute lettre. Gravé par Prudhon fils. Ce portrait, regardé comme Prudhon étant jeune, est, dit-on, le portrait de M. Viardot père, point par Prudhon. Magnifique ép. avec des essais de pointe. Toute marge.

601 — Une Famille malheureuse. Lithog. originale. Très-belle ép. avant les retouches à la plume. Lithog. sur le montant de la fenêtre. Grande marge. Rare

602 — Jeune Garçon et son chien. C'est le fils du maréchal Gouvion Saint-Cyr. Lithog. originale. Sup. ép. sur Chine. Toute marge.

603 — Jeune Fille à la colombe. Lithog. originale. Sup. ép. avant toute lettre. Toute marge.

604 — L'Enlèvement d'Europe. Gravé par Prudhon d'ap. l'antique, avec le texte du journal l'Album.

605 **Prudhon** (D'ap.). Figures allégoriques. L'Agriculture, les Arts, le Commerce, l'Etude, l'Industrie, la Poésie, les Sciences. 7 p. Gravées par Prudhon fils. Couleur. Petit in-fol.

606 — L'Agriculture, les Arts, la Navigation, la Poésie. 4 p. en noir.

607 — L'Agriculture, les Beaux-Arts, les Honneurs, la Poésie, la Victoire. 7 p. Réduction in-8, dont deux doubles en couleur.

608 — La Liberté, par Copia. Très-belle ép. avant les deux lignes. Les noms à la pointe.

609 — La Liberté. Très-belle ép. avec la lettre.

610 — Constitution française, par Copia. Grande et belle pièce. Superbe ép. toute marge. Les noms à la pointe et avant les trois lignes d'explication du sujet.

611 — La même. Belle ép. toute marge. Avec la lettre.

612 — La Liberté couronnant le Génie des Inventions nouvelles, par Roger. Magnifique ép. Grande marge. Avant de servir d'entête de lettre.

613 — Carte des environs de Paris, sur un piédestal surmonté et entouré des attributs des Arts et du Commerce. Entête de lettre. Rare. Gravé en bois. *J.-B. Merlen f.*

614 — La Seine-Inférieure. Magnifique ép., avant toute lettre, d'une des plus jolies entêtes de lettres.

615 — La même, en bois, gravé par Besnard.

616 — Préfecture de la Seine, gravé par Roger. Magnifique ép. grande marge. Avant de servir d'entête de lettre. Avant le préfet du département.

617 — La même. Très-belle ép. Marge. Avec le préfet du département. Ep. avant de servir d'entête.

618 — La même, avec secrétaire-général de la Préfecture en typographie. Très-belle ép.

619 — Ministère de la police générale. 3 p. Entêtes de lettres de formats différents.

620 — Grand-Juge et Ministre de la justice. Pièce anonyme. Ep. d'une lettre non remplie.

621 — Gouvernement français. In-4. — Ministre de la guerre, par Roger 2 p. Anonymes de différents formats.

622 — Directoire exécutif, par Roger. In-4. Avec le nom de Naigeon. Sup. ép. Composition entière.

623 — La même, réduite in-12. Gouvernement français, gravé par Roger. Nivôse an VIII. Anonyme. Le coq, les attributs et la Victoire ne s'y trouvent pas. Superbe ép. Marge. Avant de servir d'entête.

624 — La même. En tête de lettre.

625 — Adresse de Merlen, graveur sur tous métaux. Palais du Tribunat, etc. Très-belle ép.

626 — Adresse, Ve Merlen, tient fabrique et magasin d'orfévreries, Palais Égalité, gravé par Roger.

627 — La même, découpée ainsi que le texte; plus un fragment; l'Amour. Composition différente.

628 — Vénus et l'Amour, par Roger. Sup. ép. ovale. Grande marge.

629 — Léda. — Vénus et l'Amour. 2 p. ovales. Avant la lettre.

630 — Minerve éclairant les Arts. Très-belle ép. avant toute lettre.

631 — La Loi. — L'Egalité. 2 p., par Copia. Très-belles ép. Marge.

632 — Triomphe de Napoléon, par Roger. Sup. ép., marge, d'une jolie petite pièce.

633 — La Justice et la Vengeance divine poursuivant le Crime. Eau-forte pure par Roger. Très-belle ép. Marge.

634 — La même, terminée, avec la lettre grise. Sup. ép. Marge.

635 — Le Premier Baiser de l'Amour, par Copia. Sup. ép. Marge.

636 — Vignettes pour J.-J. Rousseau. 5 p. par Copia.

637 — Abrocome et Anzia, par Roger. Sup. ép. avant la lettre. Les noms à la pointe. Toute marge.

638 — Abrocome et Anzia. — Dafni e Cloe. 2 p. par Roger. Belles ép. Toute marge.

639 — Aminta, Abrocome et Anzia, Dafni e Cloe. 3 p.

640 — La Grotte, par Roger. Très-belle ép. Les noms à la pointe, avec la console en pierre au bas. — La même, la console effacée et les noms gravés. 2 p.

641 — La Soif de l'or. Sup. ép., par Roger. Les noms à la pointe. Rare.

642 — Jupiter adoré. Sup. ép., par Roger. Les noms à la pointe. Marge. Rare.

643 — La Chasseresse. Magnifique ép., par Roger. Les noms à la pointe. Très-grande marge. Très-rare.

644 — La même, contrepartie par Mlle Bleuze. Très-belle ép.

645 — Trois Enfants agenouillés aux pieds d'un Incas. Charmante composition. Anonyme (gravée par Godefroy). Sup. ép. Marge. Extrêmement rare.

646 — Le Christ portant sa croix. Eau-forte pure, par Roger. Sup. ép. sur papier blanc.

647 — La même, même état, sur Chine. Sup. ép.

648 — Le Christ portant sa croix, par Roger. Sup. ép. avant la lettre.

649 — La même, avec la lettre, ~~avec les ornements~~. Très-belle. Toute marge.

650 — Naufrage de Virginie, in-8, par Roger. Avant la lettre, blanc.

651 — La même, avant la lettre. Chine. Sup. ép. Toute marge.

652 — La même, par Blanchard. Très-belle ép. Toute marge.

653 — Naufrage de Virginie. In-4. Sup. ép. d'eau-forte pure, par Roger.

654 — La même. Sup. ép. avant la lettre. Grande marge.

655 — La même, avec la lettre, avant la retouche.

656 — Daphnis et Chloé au bain, in-4, par Roger. Très-belle ép. Très-rare. Avec la tablette de marbre au bas. Les noms à la pointe.

657 — La même, in-8, par Lecomte. Très-belle ép.

658 — Daphnis allaité par une chèvre, le Bain, la Cigale 3 p. in-4, par Roger. Sup. ép. avant la lettre. Toute marge.

659 — Phrosine et Mélidor, in-8, par Roger. Sup. ép. Toute marge.

660 — La même, in-4, gravé par Prudhon et Roger. Avec la lettre et tablette. Très-belle ép.

661 — Suite des 4 vignettes in-4, pour Gentil Bernard. Très-belles ép. avant la lettre.

662 — Jocaste, tirée de la Thébaïde. Sous le nom de Moitte. Ép. avec la tablette, sans marge et avec la lettre. 2 p.

663 — La Vertu aux prises avec le Vice. — La Raison parle, le Plaisir entraîne. 2 p. gravées par Roger. Ép. avant la lettre.

664 — Les mêmes, avec la lettre.

665 — Les cinq planches au trait de la Toilette de Marie-Louise et du Berceau du Roi de Rome.

666 — Buste profil du Roi de Rome. Eau-forte pure sur Chine.

667 — Le même terminé. Avant toute lettre. Toute marge.

668 — Le même, par Roger, avec allégorie au bas. 1re et sup. ép. Toute marge.

669 — Joséphine, en pied, par Blanchard. Belle ép. de l'Artiste.

670 — Le roi de Rome couché, dormant, par Lefèvre. Sup. ép. avant la lettre et avec la vignette. Au bas, la Mère et l'Enfant. Grande et belle p. Marge.

671 — Titre pour le grand ouvrage in-fol. de Racine, par Marais. Très-belle ép. avant toute lettre. 2 p.

672 — Le même, in-4. — Le même, lithog., in-fol. 2 p.

673 — Ça brûle, buste de l'Amour montrant son flambeau. Sup. ép. avant toute lettre. Toute marge. Couleur.

674 — Il caresse avant de blesser, par Roger. Sup. ép. avant la lettre. Les noms à la pointe. Sur Chine. Toute marge.

675 — Le même, même état, sur blanc. Tachée.

676 — L'Amour réduit à la raison, par Copia. Avant la lettre.

677 — Le même. Très-belle ép. avec la lettre. Toute marge. Bistre.

678 — Le Cruel rit des pleurs qu'il fait verser, et pendant. 2 p.

679 — La Vengeance de Cérès, par Copia. Avant la lettre.

680 — La même, avec la lettre. Très-belle.

681 — La même, en couleur.

682 — La Lecture, le Dessinateur, Salvator Mundi, etc. 4 gros enfants dont 2 en couleur.

683 — Oh! les jolis petits chiens, par Roger. Avant la lettre.

684 — Mange, mon petit, mange, et pendant. 2 p. très-grandes. Toute marge.

685 — L'Amour séduit l'Innocence, le Plaisir entraîne, le Repentir suit. — L'Innocence préfère l'Amour à la Richesse, d'ap. Mlle Mayer. 2 p. par Roger. Magnifiques épr. avant la lettre. Toute marge.

686 — Les mêmes, avec la lettre. Sur Chine. 2 p. Très-belles.

687 — Innocence et Amour, par Villeret. Très-belle ép.

688 — La Fileuse ou Clothon, par Prudhon fils. Grande p. rare. Toute marge.

689 — Les Parques. Très-grande p. à l'eau-forte, par Colas. Chine.

690 — La Coquette espagnole ou Volupté, Etude, le Désir, l'Enfance. 5 têtes d'ap. Prudhon. Belle ép.

691 — Têtes de Cérès et autres. 9 p.

692 — Léda. — Eucharis. D'ap. les dessins de Devéria. 2 p.

693 — La Famille malheureuse, manière noire, par Dugclay. 2 ép., avec différence. — Lithog. par Aubry Lecomte. Etude de têtes. 5 p.

694 — Jésus en croix, manière noire, par Reynolds, Audibran ; et lithog. par Franquinet. 3 p.

695 — Assomption, par Debucourt, Bosq et autres. 4 p.

696 — L'Enlèvement de Psyché, par Muller. Très-belle et l'eau-forte pure. 2 p.

697 — Le Zéphyr, par Sixdeniers et par Grevedon. 2 p. Très-belles ép. Toute marge.

698 — Le Zéphyr, de Laugier, eau-forte pure, et autres, gravés et lithog., de l'in-8 à l'in-fol. 7 p.

699 — Lithographies. La Colombe, la Toilette, les Génies, Ça brûle, le Bain de Flore, etc. 12 p. Pourront être divisées.

700 — Triomphe de Napoléon. Très-grande p. sur Chine.

701 — La Justice et Vengeance divine, et autres. 2 grandes lithog.

702 — par *Aubry Lecomte*, Psyché, Famille malheureuse, Soif de l'or, une Pensée, l'Étude guide le Génie, Triomphe de Vénus, Marguerite. 7 p. Très-belles. Pourront être divisées.

703 — par *Boilly*. Cahier. Apollon et les Muses. 10 p.

704 — Joseph, Char de Vénus, Amour assis, la Justice, l'Amour, la Caresse, l'Egratignure, Caprices, Quatre Heures du jour, trois Danseuses, Quatre Saisons, quatre figures allégoriques, Diane, Vénus et Adonis, Vénus au bain, Thémis. 17 p. Pourront être divisées.

705 — Cinq dessins, copies d'ap. Prudhon. Frises.

706 — A la mémoire de Prudhon. Figure tirée de son dernier tableau, par Soinard, d'ap. de Boisfremont. Très-belle ép.

707 **Raffet.** Lithog. tirées de l'Artiste, de la Caricature et de divers Albums, sujets militaires et autres, depuis 1827. 72 p. Pourront être divisées.

708 — C'est là la grande revue aux Champs-Elysées. Très-belle ép. Chine.

709 — Le Réveil. Très-belle ép. Chine.

710 — Citadelle d'Anvers. 6 p. Très-belles.

711 — Voyages en Crimée, Italie et autres. 12 p.

712 — Napoléon en Egypte couronné par la Victoire. Sup. ép. sur papier jaune. 1re ép. avant toute lettre. Rare. Destiné à une affiche.

713 — Croquis à l'eau-forte imp. sur papier de Chine. 3 p. Très-belles et très-rares.

714 — Sujets par et d'ap. lui. Vignettes avant et avec la lettre. Environ 40 p. Pourront être divisées.

715 **Richomme.** Vénus accroupie. Sup. ép. avant la lettre.

716 **Robert** (Léopold). Etude d'ap. nature, Académie d'homme. Gravée par lui. Rare.

717 — Lithog. tirées de l'Artiste et autres, avec différence. 8 p.

718 — Deux Danseuses napolitaines. Manière noire. D'ap. lui.

719 **Roqueplan** (C.). Lithog. Têtes de romances, Sujets d'Album, etc. 22 p. originales.

720 — Pièces diverses, d'ap. lui. 9 p.

721 **Sixdeniers.** La Mort de Marceau, d'ap. Bouchot. Très-belle p. à l'eau-forte pure. Très-grand in-fol. Toute marge.

722 **Vernet** (Carle). Cavalier tenant son cheval par la bride. Eau-forte. Signée *Carle Vernet invenit et sculpsit.* Très-rare.

723 — Petites études de chiens, 11 p., et chevaux. En tout 15 petites p.

724 — L'Entrée du bois, Sortie du parc, Rendez-vous de chasse, Chasseur abreuvant ses chevaux, avant et avec l. l., la Poste. 6 p. Superbes.

725 — Inconvénients de la chasse. 11 p. Très belles

726 — Chiens, Études, Têtes de chevaux, etc. 20 p.

727 — Militaires, Arabes, Chevaux de course, etc. 30 p.

728 — Fables de La Fontaine, Chevaux, Chasses. 25 p.

729 — Etudes de chevaux, Sujets militaires. Imp. de Lasterie et Engelman, rue Cassette. 14 p. Très-belles et rares.

730 — Grandes études de chevaux. Imp de Delpech. 30 p.

731 — Etudes diverses. 12 p.

732 — D'ap. C. et H. Vernet. 27 p. gravées et lithog.

733 **Vernet** (Horace). Escorte russe. — Garde furetant à blanc. — Scène aux environs de Barcelonne. — Les Fourageurs. — Manfred et le Chasseur. — Les Osages. 6 p. Sup. ép. avant la lettre. Toute marge.

734 — Le Jeu de la drogue. — Les Suites. — Reconciliation. 3 p. originales. — Les Copies, par Aubry. En tout. 6 p.

735 — Sujets de chasse. 14 p.

736 — Mort de Tancrède, Leicester, Don Juan, etc. 12 p.

737 — Lancier en vedette, la Cantine, l'Ecorché d'Houdon; Édith. 8 p.

738 — Sujets militaires et autres. 30 p.

739 — La Henriade. 13 p. Très-belles.

740 — Les Forçats, Stage Coach, Prise d'une redoute, Massacre des Mamelucks. 1er état. 4 belles p.

741 — (D'ap.). Atelier d'Horace Vernet, Tableaux du Palais-Royal et autres, Gaspart l'Avisé, Mazeppa, etc. Environ 20 p.

## PORTRAITS CLASSÉS PAR GRAVEURS.

742. **Ardell.** Lady Mary Campbell, en pied, d'ap. Ramsay. Très-belle ép.

743 **Audran** (B.), 1714. Louis XIV. Très-petit portrait, soutenu par une figure allégorique entourée des attributs des Arts, d'ap. Coypel. Rare.

744 **Balechou.** Don Philippe d'Espagne. Sup. ép.

745 — Le Père Porée, jésuite. Sup. ép. Rare.

746 **Barbié.** Marquis de Mont-Calm. — Général Wolff. 2 portraits.

747 **Bartolozzi.** Les princesses royales Marie, Sophie, Amélie, en bistre, d'ap. Copley.

748 **Bause.** Albrecht Haller. Sup. ép., marge.

749 **Beauvarlet.** Deux enfants faisant jouer de la guitare leur carlin (les fils du duc de Choiseul). Belle ép.

750 — Le comte d'Artois et sa sœur sur une chèvre blanche.

751 — Mme la comtesse ***Du Barry***. Très-belle ép. avant la lettre, toute marge, d'ap. Drouais. Rare.

752 **Benoist.** Mlle Clairon, d'ap. la cire de Lungberger. Sup. ép.

753 — Pascal. — Pope, avant la lettre. — Galilée. — Montesquieu. 4 port.

754 **Bervic.** Charles de Linné, d'ap. Roslin. Sup. ép., toute marge.

755 — Senac de Meilhan, d'ap. Duplessis.

756 — C. Gravier, comte de Vergennes, 1780.

757 **Blot.** Le Dauphin et sa sœur tenant un nid d'oiseaux, d'ap. Mme Le Brun.

758 **Boilly** (L.), 1832. Son portrait quatre fois répété et dans différentes attitudes. Sup. ép., toute marge. Lithographie très-rare.

759 **Boilly** (Jules). Bidauld. — Bourgeois. — Demarne. — Vandael. — C. Vernet. 5 p. lithog.

760 **Bolswert** (S.). S. Maria Magdalena. Sup. ép.

761 **Bonnart.** Duc du Maine, — de Chartres, — Bourgogne — et dames de la cour, etc. 6 port. en pied.

762 **Boulanger.** Dom Barthélemy des Martyrs, dominicain, d'ap. Champaigne. Sup. ép.

763 **Boulanger** (Louis). Costumes d'acteurs. Lith. 11 p.

764 **Bouys.** Ch. Herault, parisien, peintre.

765 **Calamatta.** Georges Sand, 1837.

766 **Carmontelle** (L.-C. de) *del.* Le prince de Montbarrey debout à gauche, et le marquis d'Entrague assis à droite. Sup. ép., toute marge.

767 — Chasseur, le cor en sautoir, de profil à droite, à cheval (duc de Chevreuse?), 1763. Delafosse.

768 — Vir et Civis. — G.-F. de Fontenay. — L'abbé de Neuville et M. Girard. 3 p.

769 — La malheureuse famille Calas, par Delafosse.

770 **Cathelin.** De Frémicourt. — Le Cauchois. — Molière. 4 p.

771 **Chereau.** Boileau, d'ap. Rigaud. In-4.

772 — Louis de Boullongne, d'ap. lui. Superbe ép., marge.

773 — Conradus Detlev a Oehn, d'ap. Rigaud.

774 **Chevillet,** 1773. Buffon, d'ap. Drouais fils, 1761. Très-belle ép. avant la lettre — Le même, avec la lettre. 2 p.

775 — J.-B. Descamps, peintre, auteur de la Vie des peintres.

776 **Chodoviecki.** Fréd.-Guillaume, roi de Prusse, au milieu de sa famille. — Frédéric II passant la revue. 2 p.

777 **Choffard.** De Rossel, capitaine de vaisseau. ép. d'eau-forte. — François VI de La Rochefoucauld. 2 p.

778 **Cochin** (C.-N.). Son portrait, d'ap. lui-même, par Daullé, Prevost, Saint-Aubin. 3 p. Très-belles ép., marge.

779 — Jean-B.-Simeon Chardin, par L. Cars. Belle ép. marge.

780 — De la Condamine, académicien; par Choffard. Très-belle.

781 — F. Boucher, par Cars. — Lemoine le fils, par Dupuis, — et Massé. 3 port.

782 — Noël Hallé, par Nicollet. — Lebas, avant toute lettre. — C. Vanloo, par Daullé. 3 p. Très-belles ép., marge.

783 — Cl.-H. Watelet, académicien, par Lempereur. Belle ép.

784 — Beaumarchais, Cousteu, Diderot, Freron, Goldoni, Moreau, Séguier, Thomas, etc. 20 p.

785 **Dagoty**. De Thubières, comte de Caylus. Sup. ép., marge.

786 **Daullé**. Astruc (Jean), docteur-médecin. Sup. ép., toute marge.

787 — J.-B. Coignard, acad. typographe. Belle ép., marge.

788 — Gendron (Claude Deshais), médecin, d'ap. Rigaud.

789 — P.-J.-B. Chomel. — Ph. Hecquet, médecins, 2 p.

790 — Marie-Thérèse de Hongrie. Sup. ép., marge.

791 **Delaunay** (N.). Sébastien Leclerc fils, peintre. Sup. ép., marge.

792 **Delvaux**, 1808. Fénelon. Sup. ép. avant la lettre, toute marge.

793 **Demarcenay**. Jeanne d'Arc. Très-belle ép.

794 — Henri IV. — Sully. 2 p. Très-belles.

795 — Bayard. — L'Hôpital. — Saxe. — Sage. 4 p.

796 **Denon**. Son portrait, par lui-même, d'ap. Isabey.

797 — En pied, dessinant. Superbe ép., toute marge.

798 — Son portrait — et celui de son père. 2 p.

799 **Desnoyers**, 1805. M. de Humboldt, d'ap. Gérard.

800 **Desrochers**. Verdier, peintre. — Largillière, par Dupuis. 2 p.

801 **Devéria**. Les Quatre Sergents de La Rochelle, médaille et allégorie. Lithog. Rare.

802 **Doublet** (D'ap. Mme). Detroy père, peintre. Portrait de profil, à l'eau-forte. Rare, toute marge.

803 — Falconet, médecin, par Caylus. Belle ép. Très-rare.

804 **Drevet**. N. Boileau Despréaux, d'ap. Rigaud.

805 — Franç. Girardon, sculpteur, d'ap. Vivien.

806 — Ad. Lecouvreur, rôle de Cornélie, d'ap. Coypel.

807 — Louise-Adélaïde d'Orléans, abbesse de Chelles.

808 — La Palatine d'Orléans, d'ap. Rigaud. Petit port.

809 — Antoine Portail, d'ap. Tournière. Très-belle ép.

810 — Denis de Sainte-Marthe, de Tressan, Robert, de Cotte, etc. 4 p.

811 **Drevet**. Louis XIV. — Louis XV. 2 grands port. en pieds, d'ap. Rigaud.

812 **Duchange**. Fr. Girardon, sculp., d'ap. Rigaud. Sup. ép., marge.

813 — Charles Delafosse, peintre, d'ap. Rigaud.

814 **Duflos**, 1709. Jean Bérain, d'ap. Vivien. Très-belle ép.

815 — Bignon (J.-P.), abbé de Saint-Quentin. Très-belle ép. grand in-8.

816 — Michel de Chamillard. Joli port. Rare.

817 — Jean Locke. Belle ép. in-8.

818 — Malherbe, Marot, Perraut. 3 p. in-8.

819 — Archevêques de Paris. Chanvalon, Gondi. Henri, Jean Franc, Pierre de Gondi. 4 p.

820 — Antoinette d'Orléans. — Franç.-Marguerite de Silly. — Paule de Gondy, et autres. 4 p.

821 **Dupont** (Henriquel). Mme Feuillet Coupée en ovale.

822 — Mme de Mirbel. Très-belle ép. d'ap. Champmartin.

823 — Molière, d'ap. Ingres.

824 — Carle Vernet. Ép. de l'Artiste.

825 — Portrait d'homme. Lith. 1828.

826 — Ferdinand, duc d'Orléans, profil en pied, d'ap. E. Lami. Sup. ép. sur Chine blanchi. Avant la lettre. Rare.

827 — Le marquis de Pastoret, d'ap. Delaroche. Chine.

828 **Durr** (J.). Frédéric à Kosspoth, d'ap. Ch. Richter. Beau costume. Sup. ép., marge. Rare.

829 **Dyck** (A. Van). Juste Suttermans. Eau-forte. Belle ép.

830 — Jean de Wael. Eau-forte. Belle ép., papier à la folie.

831 — (D'ap.). Bistoven. — Della Faille. — Scribanius. 3 p. Sup. ép., marge.

832 — Charles Ier, Frocas, Gusman, Pembroke, etc. 15 p.

833 **Edelinck** (G.). Antoine Arnauld. R. D. 140. 1er état. Sup. ép.

834 — Antoine Arnauld. R. D. 141. Ancienne et très-belle.

835 — Arnauld d'Andilly. 142. Avant la planche réduite.

836 — Bossuet, 156. 1er état.

837 — Fléchier, 205. In-4. Belle ép.
838 — Furetière, 209. Belle.
839 — Gherardi, 214. Avant-dernier état. — Regnerus de Graaf, 219, et autres. 3 p.
840 — Henri Goltzius, 216. Ép., marge.
841 — Lenain de Tillemont, 241. Très-belle.
842 — Louis XIV. In-8. 248, avec l'adresse d'Odieuvre. Belle.
843 — Titre de l'ouvrage de Perrault, 253.
844 — J. Hardouin Mansart, 267.
845 — Blaise Pascal, 290. Belle ép., marge. Rare.
846 — Jean Racine, 302. Belle ép.
847 — Jacques Savary, 314. Avant-dernier état.
848 **Falck.** Candolin. Belle ép. Rare.
849 — Brighella. Très-belle ép. anonyme, dans le même goût.
850 **Ferdinand.** Nicolas Poussin. Très-beau port. de profil.
851 **Fessard.** Mlle Marg. de Lussan. — Hortense Mancini, duchesse de Mazarin. 2 p.
852 **Ficquet.** De Chenevières. Très-belle ép.
853 — Pierre Corneille. Très-belle ép.
854 — Van Dyck. — Eisen. — La Fontaine. 3 p.
855 — Fagon, médecin du Roy. Toute marge.
856 — Duchesse de Fontanges.
857 — La Fontaine. Très-belle ép., au ruisseau blanc.
858 — Lamothe Levayer, d'ap. Nanteuil. Belle ép.
859 — Marquise de Maintenon.
860 — L'abbé Prevot et autre. 2 p.
861 — Saugrain, libraire.
862 — Swift (Le docteur). Rare.
863 — Voltaire, d'ap. de Latour. Très-belle ép.
864 — Corneille, Vadé et autres. 4 p.

865 **Flipart.** Dumont le Romain, peintre.

866 — Mme Favart, d'ap. Cochin.

867 **Forster.** Marmont, duc de Raguse. Sup. ép., toute marge.

868 **François.** Anne-Élisabeth-Louise Vernet, Delaroche. Sup. ép. d'un beau port. Très-rare, avec signature du graveur.

869 **Galle.** Ferdinand. — Léopold-Guillaume, archiducs d'Autriche. 2 p.

870 **Gaucher.** De Piis. Très-belle ép., marge. Joli petit port.

871 — Fournier, Marie-Cécile, etc. 3 port.

872 — J.-P. Timoléon de Cossé-Brissac. Avant et avec la lettre; Gravelot, Louis XVI, Racine. 5 port.

873 **Gaultier** (Léonard). André-Laurent donnant une leçon d'anatomie. Titre de ses œuvres, 1628.

874 — Charles de Lorraine, duc de Guise. Très-belle ép.

875 — Lucain, le poëte. Belle ép.

875 bis. — Henri, duc de Montpensier. Belle ép.

876 **Gigoux.** Eugène Delacroix. — Sigalon. 2 p. sur Chine, sur immense marge. Sup. ép.

877 **Girodet-Trioson.** Portrait de Coupin de la Couperie, peintre. Lithog., 4 août 1816. Superbe ép. Très-rare.

878 **Godefroy.** Mme Barbier Walbonne, élève de Garat, d'ap. Gérard. Superbe ép., toute marge.

879 **Goltzius.** Jean Boll, peintre. Très-belle ép.

880 — Petit portrait de seigneur dont la cuirasse est d'une grande richesse. Superbe ép. coupée à l'ovale.

881 **Goya.** Philippe III, roi d'Espagne et sa mère, Marguerite d'Autriche. 2 port. équestres, d'ap. Velasquez. Belles ép., marge.

882 **Grevedon.** La Reine des Belges, d'ap. Winterhalter. Ép. avant la lettre. Chine.

883 **Grignon.** Marie de Neufville, dame de Courselle. Superbe ép., toute marge.

884 **Gunst.** Arthur Goodvin. — Jeanne, sa sœur et héritière, épouse de lord Wharton. 2 port. en pied, d'ap. Van Dyck.

885 **Hersent.** Le duc de Bordeaux et sa sœur enfants. Superbe ép., toute marge.

886 **Holbein** (D'ap.) Henri VIII, donnant aux chirurgiens de Londres l'autorisation pour l'Amphithéâtre anatomique, par Baron. Très-grande pièce rare.

887 **Hollar.** Henri de Craeuhals. — Morett. 2 p.

888 — Th. Howard, comte d'Arundel. Ovale équarri, 1639.

889 — P.-P. Rubens. Très-belle ép.

890 — Th. Howard, comte d'Arundel. — Alathea Talbot. 2 ép., toute marge.

891 — Jean Malder. — Charles-Louis Palatin. 2 ép., toute marge.

892 — Lucas et Corneille de Wael. Ep. toute marge.

893 — Lord Straffort. — Comte de Portland. 2 ép., toute marge.

894 **Houdius.** Jean-Ernest, duc de Saxe.

895 — Marie-Éléonore de Suède.

896 — Nassau (Amélie de Solm, comtesse de).

897 — Nassau (Frédéric-Henri).

898 — Nassau (Philippe-Guillaume).

899 — Pierre Heinio Petridœ.

900 — Théodore de Woerdenburg.
Ces épreuves sont très-belles:

901 **Ingouf.** De Lalande. — J.-J. Rousseau. 2 p.

902 **Isabey.** Isidore Agasse. — Hortense. — Mathieu de Montmorency. — Parny. 4 p. Très-belles ép., marge.

903 **Jazet.** Charles X à cheval, avec les princes, d'ap. H. Vernet.

904 — Le général Lassale, en pied, d'ap. Gros.

905 **Joullain.** Rivierre du Fresny. Avant et avec la lettre. 2 p.

906 **Langlois** (J.). Richelet, d'ap. Vivien.

907 **Langlois.** Ciartres, marchand d'estampes et joueur de musette, d'ap. Van Dyck. Avant toute lettre.

908 **Larmessin.** Cardinal Polus, d'ap. Raphaël.

909 **Lasne** (Michel). Lemasle. Avant la lettre.

910 — F. Rabelais. Très-belle ép. Rare.

911 — Baro, Gondi, Michaelis, Strozzi, Verdun, etc. 6 p.

912 **Lawrence** (D'ap.). Guillaume IV. — Fac-simile. — Lord Lansdowne. 3 p.

913 **Le Beau.** Dorat. Médaillon soutenu par les Grâces. 1re ép.

914 — Mme la comtesse *Dubarry*. Très-belle ép., toute marge.

915 — Mme la marquise de *Pompadour*. Belle ép.

916 **Le Clerc** (Jean) *ex.* Henri IV à cheval, dirigé à gauche, âgé de quarante-quatre ans, 1597. Superbe ép.

917 — Philippe-Emmanuel de Lorraine, duc de Mercœur. Sup. ép.

918 — Henri de Savoye, duc de Nemours. Sup. ép.

919 **Lemire**. Jeanne d'Arc. — Piron. 2 p.

920 **Lenfant**. Louis XIII. — Louis XIV jeune. 2 p.

921 **Leoni** (Ottavio). Le Guerchin. — A. Tempesta. 2 p.

922 **Lépicié**. Charlotte Desmares. Très-belle ép.

923 **Leu** (Thomas de). Élisabeth d'Autriche, épouse de Charles IX. *Rabel ex.* Joli petit port. Très-rare.

924 — Marguerite de Valois, reine de Navarre. *Rabel excu.* Joli petit port. Très-rare.

925 **Leu** (Thomas de). Catherine de Bourbon, sœur de Henri IV. Superbe ép.

926 — Charles de Bourbon Soissons. Superbe ép.

927 — Henri de Bourbon, prince de Condé, âgé de neuf ans, 1597, à cheval, dirigé à gauche. Superbe ép.

928 — Gabrielle d'Estrées, marquise de Monceaux. Belle ép.

929 — Henri IV, sur son trône, présidant la réception d'un chevalier du Saint-Esprit. Très-petite p. Très-belle.

930 — Henri IV, cuirassé en pied, dans un portique d'architecture. Très-belle ép., marge.

931 — François de Bonne de Lesdiguières. Très-belle ép.

932 — Henri de Montmorency, conestable. Superbe ép.

933 **Lignon**. M$^{me}$ la duchesse d'Angoulême. — M. le duc de Richelieu. 2 p.

934 **Massard** (J.). Charles I$^{er}$ et sa famille, d'ap. Van Dyck.

935 **Masson**. Brisacier, secrétaire de la reine.

936 — Mlle Héliot. In-8.

937 **Mécrlieu.** Achille de Harlay, évêque de St-Malo.

938 — Madeleine de Créquy, duchesse de Villeroy. Superbe ép., toute marge.

939 **Mellan.** Offrande à la Vierge par la Régente et ses enfants. — Richelieu et autres. 4 p.

940 **Mercury.** Condorcet. Très-belle ép. d'artiste, signée *Mercury*.

941 **Michel.** Joconde, d'ap. Léonard de Vinci. Superbe ép. in-4, marge.

942 **Miger.** J.-F. Delacroix, président de la Convention.

943 — Hubert Robert, peintre. Avant et avec la lettre.

944 **Moitte.** Jean Restout, peintre. Superbe ép., marge.

945 **Monsaldi.** Desaix. — Kléber. 2 grands port. en pied, d'ap. Dutertre. Rares. Toute marge.

946 **Moreau** le jeune. De la Borde, d'ap. Denon. Superbe ép., toute marge.

947 — Louis Sextius de Jarente, évêque d'Orléans. Très-petit port. Rare.

948 — Lochon, violon, Naudeville et autre. 3 p.

949 **Muller.** Mme Lebrun. Superbe ép., avant toute lettre. Toute marge.

950 **Nanteuil.** Jean, chapelain. Belle ép.

951 — Christine de Suède. Belle ép.

952 — Henri d'Orléans Longueville. Belle ép.

953 — Voiture. Belle ép.

954 — Dupuis, Guebriandt, Lamoignon, etc. 4 p.

955 **Nattier** (D'ap.). Mme Marie-Henriette de France, le Feu, par Tardieu. — Marie L.-Th. Victoire, l'Eau, par Gaillard. — Louise-Élisabeth, duchesse de Parme, la Terre, par Balechou. — Adélaïde de France, l'Air, par Beauvarlet. 4 p., marge.

956 **Noël** (Léon). Brunet Denon, d'ap. Léon Coignet. Très-grand port. sur Chine. Grand in-fol. Superbe.

957 **Paroy** (Comte de). Mme la duchesse Jules de **Polignac**, née de Polastron, chantant, d'ap. Mme Le Brun. Très-petit port. Extrêmement rare.

958 **Pesne** (J.). Nicolas Poussin. R. D. 6. Belle ép., avec l'adresse d'Audran.

959 **Petit**. Potier, duc de Gesvres, en pied, d'ap. Vanloo.

960 **Picart** (B.). Boileau. Son portrait, apporté sur le Parnasse par la Poésie satyrique. — Horace. 2 p.

961 **Poilly** (J.-B.). Corneille Van Cleve, sculpteur.

962 **Pontius** (P.). H., comte de Berghe, Bonenfant *ex.*, Thomas de Savoie. 2 port., d'ap. Van Dyck.

963 — Bælen (Henri Van), peintre. Papier à la folie.

964 — Charles Columna. Papier à la folie.

965 — Frocas, Gusman, Scaglia, Wildens. 4 p.

966 **Pradier**. Régnaut de Saint-Jean d'Angély, d'ap. Gérard. Superbe ép., avant la lettre. Port. en pied.

967 **Regnesson** (N.). La duchesse de Longueville, d'ap. Chauveau. Port. rare.

968 **Sadeler** (É.). Melchior Klesel, évêque de Vienne.

969 **Saint-Aubin** (Aug. de). Amelot, Barthélemy, Condorcet, Fénelon, Gessner, Linguet, Massillon, Necker, Orléans, Rameau, Voltaire, etc. 42 p. Seront divisées.

970 — Delalande. — Diderot. 2 p. in-4, marge.

971 — François Molé, comédien.

972 — Michel de Montaigne.

973 — Moreau le jeune. Rare.

974 — Rodolphe Perronnet, architecte.

975 — Philidor, musicien, joueur d'échecs, 1er état, maître de chapelle; 2e état, né à Dreux. 2 p. Rares.

976 — Alexis Piron, de profil, d'ap. Cochin, — de face, d'ap. Caffiery. 2 port.

977 — Adrienne-Sophie, marquise de ... Charmant port. de femme.

978 — Le duc d'Orléans Egalité et sa famille. Grande pièce, avant toute lettre.

979 **Savart.** Louis XIV. adresse barrière de Fontarabie.

980 — Rabelais. Superbe ép. adresse, hôtel Chamouzet. Marge.

981 — Bayle. — Boileau. — Richelieu. — T. Tasso. 4 p.

982 **Scheffer.** Le général Berton. Lithog. Rare.

983 **Schuppen** (Van). Lefèvre de Caumartin. — P. de Marca, archev. de Paris. — De Pontis 3 p.

984 **Sergent.** Marceau, général, en pied, tête nue. Très-belle ép., toute marge.

985 **Sharp.** John Hunter, d'ap. Reynolds. Très-belle ép., toute marge.

986 **Simonneau.** Turenne. Petit port. oblong entre des trophées d'armes.

987 **Smith.** Tarleton et les enfants Clavering. 2 belles ép,

988 **Stella.** François de Harlay Chanvallon, archevêque de Paris, sur un bouclier, entouré de personnages allégoriques et soutenu par la Foi et la Religion. Grande p. oblongue.

989 **Strange.** Charles Ier et son cheval. — Henriette-Marie et ses enfants. 2 p., d'ap. Van Dyck.

990 **Tardieu** (Alexandre). Lanskoi. La figure de cette médaille est d'après le dessin de Prudhon. Sup. ép.

991 — Stanislas-Auguste, roi de Pologne, 1792. — Le comte d'Arundel. 2 p.

992 **Tardieu** (J.). Marie-Henriette de France, d'ap. Nattier.

993 — Marie Leczinska, reine de France, d'ap. Nattier. Très-belle épreuve d'un des plus beaux portraits de l'épouse de Louis XV.

994 — Oudry (J.-B.), peintre d'animaux.

995 **Tardieu** (N.). Pardaillon de Gondrin, duc d'Antin.

996 — Robert le Lorrain. Tr. belle ép., marge.

997 **Thomassin.** C. Cignani, peintre; P. Silvain Regis; Richelet. 3 p.

998 **Thomassin.** Le Dauphin, fils de Louis XV, en pied, d'ap. Tocqué. Très-grand port.

999 **Toschi.** Vittorio Alfieri. Très-belle ép. Chine d'un des plus beaux portraits du personnage.

1000 **Trouvain.** Le Père Lachaise, confesseur de Louis XIV. Superbe ép., toute marge.

1001 **Trouvain.** Jean Jouvenet, peintre. — Eustache Le Noble. Très-belle ép. 2 p.

1002 **Valdor** (J.). Thomas Morus. Superbe ép.

1003 **Vangelisty.** Armand de Bourbon Conti.

1004 **Vermeulen.** Marie-Louise de Tassis, d'ap. Van Dyck.

1005 **Vernet** (Horace). Carle Vernet, Dupin, Foy Perlet, Mehemet-Ali. 5 port. Plusieurs rares.

1006 **Visscher** (J. de). P.-P. Rubens, d'ap. Van Dyck. Superbe ép., marge.

1007 **Vorstermann.** Charles Ier. Sup. ép., marge.

1008 — Rockox. Avant la lettre. — W. Coeberger. 2 port., d'ap. Van Dyck.

1009 **Watelet.** A.-B.-J. Turgot, intendant de Limoges. Ep., toute marge.

1010 **Wierix** (Ant.). Phil.-Em. de Lorraine, duc de Mercœur. Très-belle ép.

1011 **Wille** (J.-G.). F. Chicoyneau, médecin. — Quesnoy, médecin. — L. Philipeau de Saint-Florentin. 3 p.

## PORTRAITS CLASSÉS PAR NOMS.

1012 **Portraits** des personnages du procès de la machine infernale, 35 portr., vol. bazane.

1013 ***Alembert*** (d'), par Henriquez et Maleuvre. 2 p. in-4°.

1014 ***Alençon*** (duc d'), frère de Henri III. In-4°, rond.

1015 ***Amyot*** (Jacques), par Ponce. Jolie p., marge.

1016 ***Angoulême.*** Madame Royale au Temple et autres. 3 p.

1017 ***Artois*** (comte d') jeune, général des Suisses, à cheval. 3 p.

1018 ***Baillet*** (Adrien), par N. Edelinck.

1019 ***Balzac*** (Henriette de), marquise de Verneuil, par Aubert.

1020 ***Barra.*** En couleur sur satin. — Agricola Viala. 3 p.

1021 ***Basan,*** par Choffard. Très-petit portrait.

1022 ***Bayle,*** par Chereau, in-4°.

1023 **Bernis**, cardinal, par S. d'Agincourt. Rare.

1024 **Bourbon** (Catherine de). — Marguerite de Valois. 2 p.

1025 **Bochold**. Jean de Leyde, en pied. In-4°.

1026 **Bourdaloue**, par Simoneau, d'ap. Jouvenet.

1027 **Brilhac**, 1er président du Parlement de Bretagne. Rare.

1028 **Brissot**. Médaillon rond, avec 4 vers, par Croisier. Rare.

1029 **Cadoudal**. Eau-forte, dessiné d'ap. nature pendant son jugement. Rare.

1030 **Calvin**, de profil. Bon portrait.

1031 **Cambacérès**. 2 ép. avant et avec la lettre, noir et couleur. Avec changement des yeux.

1032 **Chambure**. Avec la vignette, par H. Vernet. Sup. ép. sur Chine, toute marge.

1033 **Charles Ier** et Henriette, par P. de Jode, d'ap. Van Dyck. 2 p.

1034 **Charles X**, cardinal de Bourbon, par Harrewyn.

1035 **Chodowiecki**, par Geyser.

1036 **Clément IX**, pape, porté en procession.

1037 **Condé**. Louis-Joseph, avant la lettre. — Louise-Henriette de Bourbon Conti. — La douairière, etc. 6 p.

1038 **Corday** (Charlotte), dessiné d'après nature, en bistre. Au-dessous de la vignette du bas : *Le Code pénal*.

1039 — La même, en couleur. Au-dessous de la vignette : *Je venge l'humanité*.

1040 — Dessiné d'ap. nature, par Queverdo, écrivant. Très-belle ép., bistre. — La même, en noir.

1041 — Par Alix, Bonneville et autres. 4 portraits.

1042 **Corneille** (P.), par Bertonnier, Desrochers, etc. 4 p.

1043 **Dazincourt**, par Delaunay. Très-belle ép., marge.

1044 **Delaunay** (N.), graveur, par Huot.

1045 **Deshoulières** (Mme), par Schmidt et Van Schuppen. 2 p.

1046 **Diderot**, par Dupin, Henriquez et autre. Avant l. l. 3 p. in-4o.

1047 **Dreux** (Claude de), comte de Nancré, gouverneur d'Arras. Petit portrait. Rare.

1048 **Drovetti** et sa suite mesurant un fragment de colosse dans la haute Égypte. Lithog. par Granger, in-fo. Superbe.

1049 **Dumesnil** (Mlle), comédienne, par Courbe, an VII.

1050 **Elisabeth**, reine d'Angleterre. Paul de la Houve ex. Belle ép. d'un très-beau portrait. Rare.

1051 **Elisabeth Alexiewna**, d'ap. Isabey. En couleur.

1052 **Elisabeth Farnèse** et sa famille, par Tanjé.

1053 **Enghien** (duc). Avec son exécution au bas. Grand in-4o.

1054 **Erasme**, en pied, en bois, dans un portique d'architecture. Très-belle pièce attribuée à Holbein.

1055 — 8 portraits différents, de l'in-12, à l'in-4o.

1056 **Favart** (Mme), jouant de la harpe, en pied. Très-belle ép., avant toute lettre.

1057 **Fleury**, cardinal, par Houbraken, in-4o.

1058 **Fontenelle**, par Duflos, Ingouf, Langlois, etc., 6 p.

1059 **Fragonard** (Honoré). Superbe et rare ép. Le rond seul, marge.

1060 — Le même, avec l'entourage d'herbes. Sup. ép., marge.

1061 **François Ier**, roi de France, de face, en bois. Rare. Cabinet du baron d'Henneville.

1062 — D'après Titien, par Leroux et autres. 4 p.

1063 **Genlis** (Mme de), par Green. In-f°.

1064 **Géricault**. Lithog. par Colin, par Viénot, d'ap. H. Vernet, avant et avec l. l. 3 p.

1065 **Girodet** et ses élèves, par Colin. 1820.

1066 **Gravelot**, par J. Massard, d'ap. Latour.

1067 **Grécourt**, par Garand. Sup. ép.

1068 **Grétry**, d'ap. Isabey. Ep. Chine, toute marge.

1069 **Greuze**, peintre, profil, par Flipart.

1070 **Grignan** (Mme de), par Petit. Joli portr.

1071 **Guillotin**, médecin, d'après Moreau. Sup. ép.

1072 **Haller** (Albert), par Pruneau.

1073 **Haüy** (Valentin), par le baron de Haller. Sup. ép.

1074 **Henri IV**, cuirassé, genre Th. de Leu. Ce grand roy que tu vois, etc. Très-belle ép. — Comme Numa Pompilius, dans une vignette. 2 p.

1075 — En pied, et avec Sully. Couleur. 2 p.

1076 — Par Tardieu, Forster et autres. 10 p.

1077 **Hue** de Miroménil, par Ingouf. 1775.

1078 **Huot**, géographe, avec sa famille. Lithog., Chine.

1079 **Hus** (Jean), par Grandhomme.

1080 **Ignace de Loyola**, par Faber, d'après Titien.

1081 ***La Fontaine***, par Bertonnier, Ribaut et autres. 5 p.

1082 ***Lafosse***, célèbre vétérinaire.

1083 ***Lantara***, dessiné d'ap. nature, par Vateau. Eau-forte pure, avant toute lettre. Rare.

1084 — Le même, terminé avec 4 vers. Rare.

1085 ***Larochefoucault*** (François), cardinal. Petit port.

1086 ***Latude***. Très-joli petit port., par Canu.

1087 ***Laure*** de Pétrarque, dans un joli encadrement, E. Vico.

1088 ***La Vallière*** (duchesse de) en carmélite, entourée de la Foi, l'Espérance, etc., par Laignel. Très-rare, — et autre, par Chaulet, d'ap. Mignard. 2 p.

1089 ***Le Bas***, graveur, d'après nature, par Ingouf.

1090 ***Leclerc***. Titre, allégorie, par Prévost. Sup., toute marge.

1091 ***Lenoir***, d'ap. Greuze, par Chevillet. In-4°.

1092 ***Locke*** (Jean), par Smith, d'ap. Kneller. In-f°. Très-belle.

1093 ***Longueville*** (duchesse de), par Regnesson. Belle ép.

1094 ***Louis XIV***, par Landry — et par Larmessin. 2 très jolis petits portraits. Très-belles ép.

1095 — Par divers, depuis in-12 à l'in-f°, et épitaphe de Louis XIII. En tout 15 p.

1096 ***Louis XV***. Allégories, à cheval, statues, etc., de l'in-12 à in-f°. 12 p., par Drevet et autres.

1097 ***Louis XVI***, par divers; ses Adieux à sa famille, etc. 10 p.

1098 ***Louvel***, lithog. par H. Vernet. Non signé.

1099 ***Lussan*** (Mlle Marguerite de), par Fessard.

1100 **Luther** (Martin), en pied, en buste et avant la lettre. 5 p.

1101 **Luynes** (Louis d'Albret, duc de) et de Chevreuse, in-4°, par Ingouf.

1102 **Marat**. Médaillon rond, noir, autre couleur, autre avec Chalier, Peletier, Barra, en bleu. 3 petites p.

1103 **Le roi Marat**, de profil, dirigé à droite, couronné de têtes de mort dans lesquelles sont fichés des poignards la pointe en l'air. Pièce de la plus grande rareté, eau-forte de maître inconnue même à M. Laterrade. Peut-être unique.

1104 **Marie** Anne-Christine-Victoire de Bavière, dauphine, par de Larmessin. Joli petit portrait. Sup. ép.

1105 **Marie-Antoinette**. 12 Portraits et Sujets, Testament. Pourront être divisés.

1106 — A cheval, par Robin de Montigny. Colorié. Rare.

1107 — En grand costume, — Louis XVI. 2 portraits en pied, gravés par Duclos, coloriés et rehaussés d'or.

1108 — Médaillon entouré de fleurs, soutenu par nombre de figures allégoriques *à la Reine*. — Louis XVI en pendant. 2 p. gravées par Lemire, d'ap. Moreau le jeune. In-4°.

1109 **Marie Stuart**, par Guntz, d'ap. Van der Verff. Sup. ép.

1110 **Mars** (Mlle), par Grevedon, Lignon, dans *Valérie*, etc. 6 p.

1111 **Maximilien Ier**, par Adam, et la copie d'ap. Lucas de Leyde. 2 p.

1112 **Mayeur**, dans le rôle de *Claude Bagnolet*. Couleur.

1113 ***Méhémet-Ali*** et sa suite montant à la citadelle du Caire. Manière noire, bistre, par Himely. In-f°.

1114 ***Mesmer*** (A.), médecin, inventeur du magnétisme. Beau portrait in-4°, par Legrand, d'ap. Pujos, toute marge.

1115 ***Michel-Ange*** Bonaroti, par Chr. Blanc et par Bonasone. B. 346, 2 p.

1116 ***Mirabeau***, en couleur, par Flesinger, in-8° et in-f°. Chine. 6 p.

1117 ***Molière***, par B. Audran. Belle ép.

1118 — Par Lépicié, d'ap. Coypel. Très-belle ép. avant toute lettre, marge.

1119 — Par Duflos, Lignon, Taurel, Nolin sous le nom d'Edelinck, et autres. 7 p.

1120 ***Montfaucon***. Suite de Desrochers. Très-belle ép.

1121 ***Montaigne***. Larmessin, Saint-Aubin, etc. 3 p.

1122 ***Montespan*** (marquise de), par Aubert.

1123 ***Morus*** (Thomas), par Lips, — sa famille. 2 p., d'après Holbein. In-8° et in-4°.

1124 ***Napoléon***, en buste, en pied, à cheval, noir et colorié, par Roger, et autres, gravés et lithog. 40 p. Seront divisés.

1125 — Son fils, Joséphine, Marie-Louise, sa famille. 22 p. Pourra être divisé.

1126 ***Necker***, en couleur et allégories ; éloge de la Vertu. 6 p.

1127 ***Norblin***. A l'eau-forte, par lui-même.

1128 ***Orléans*** (Louis d'), à 63 ans. 1606. Beau portrait, dans un joli encadrement.

1129 — Monsieur, frère de Louis XIV, en pied. Grand in-4°.

1130 — Philippe, le Régent, par Chereau et autres. In-8° et in-4°. 4 p.

1131 — Françoise, Marie de Bourbon. — Élisabeth-Charlotte palatine, de Drevet; coupée à l'ovale. 2 jolis petits port.

1132 — Le duc de Chartres, sur le brevet de la loge des Neuf-Sœurs, par Choffart.

1133 **Paillardel** et **Chapelle**, du Vaudeville, 2 p., en pied.

1134 **Palissot** (Charles), par Choffard. 2 différents. Très-belles ép.

1135 **Paoli** (Pascal), par Vinkeles. Très-belle ép.

1136 **Paris** (François de), diacre, priant, travaillant, etc., 4 p.

1137 **Parny**. Lithog. par Isabey. In-4°. Très-belle ép., toute marge.

1138 **Pascal** (Blaise), par Edelinck, et autre. 2 p.

1139 **Paul** Petrovitch, par Lebeau. Sup. ép.

1140 **Pierre Ier**, par Fristish, 1761. — Langlois, 1784. — Tchemesoff, etc. 4 p.

1141 **Pompadour** (Mme de), par Anselin, d'après Vanloo. Eau-forte pure, avant le cadre.

1142 — La même, avec le cadre, avant la lettre.

1143 — La même, avec la lettre, toute marge.

1144 **Préville**. Très-petite p., *anonyme*, avec vers; goût de Moreau. Très-belle ép., toute marge.

1145 **Prudhon**, gravé par Prudhon fils. Superbe ép., toute marge, avant toute lettre.

1146 **Quesnel** (Pasquier), par Barbié, Pitau, etc., avec différence. In-8° et in-4°. 5 p.

1147 **Rabelais** (François), par Sarrabat. Rare.

1148 **Raucourt** (Mlle), par Lingée, avec scène au bas, grand in-4°.

1149 **Renaut** (Mlle) l'aînée, par de Bréa. In-4°. Rare.

1150 **Richelieu**, cardinal, par Dupuis, goût de Michel-Lasne, en pied; son tombeau. 3 p.

1151 **Roland** (Mme), par Dien. Sup. ép., avant toute lettre.

1152 **Roll** (P.-G.), ex-pensionnaire de l'Académie de France à Rome. Lithog. par Pradier, 1821. Très-rare.

1153 **Rousseau** (J.-J.), par Nochez, en arménien, in-f°.

1154 — D'ap. Delatour, par divers, en pied, par Moreau le je; son tombeau, etc. 12 p., de l'in-12 à l'in-f°.

1155 **Saint-Bonnet**, de Toiras, par Huret. In-4°.

1156 **Sand** (Georges), par Calamatta, avant l. l. Desmadril, Robinson. 3 p.

1157 **Sanois** (Mlle), présentant Mme de La Motte-Geffrard soignant les malades. Coloriée.

1158 **Scarron** (Mme), par Laugier, d'ap. Petitot. — Mme de Maintenon, par Mecou, d'ap. de Troy. 2 p.

1159 **Sedaine**, par Levêque, 1772. In-4°.

1160 **Sévigné** (marquise de), par Pelletier. Joli petit port.

1161 **Shakspeare**. Manière noire, par Green. In-4°.

1162 **Terray** (l'abbé). Avant toute lettre. In-f°.

1163 **Turenne**, par de Larmessin, d'ap. Meissonnier, in-4°. Très-belle ép., marge.

1164 **Valenciennes**, peintre, par Saint-Aubin, d'ap. Moreau. Superbe ép. d'un joli petit portrait.

1165 **Vernet** (J.), par Cathelin, d'ap. Moreau le j[e]. In-4°.

1166 **Voltaire.** L'homme unique à tout âge, en pied et couronné de laurier. Colorié, par Vachez, avec vers.

1167 — En pied. *Paris. 1778 c.*, dans la campagne, Colorié.

1168 — Le même, en noir, avec marge.

1169 — D'après le buste de Lemoine, par Saint-Aubin, d'après Houdon, par Miger. 2 p. in-4°.

1170 — Réunion de 35 têtes dans toutes les positions. Eau-forte.

1171 — Par Balechou, Tardieu, titres, etc. 12 p.

1172 — Aux enfers, *O mes amis, vivez en bons chrétiens.* Pièce rare. Belle ép., marge.

1173 — Déjeuner de Ferney. — Mort de Poulpe, la Justice divine, la Justice humaine, son Tombeau, etc., 6 p.

1174 **Washington**, par Le Roy, Macret, Blanchard, Lemire, 6 p.

1175 **Watteau** (Antoine), en buste, d'ap. lui-même, par Crépy. 1er état avant la planche réduite.

1176 — A mi-corps, dans son atelier, d'après lui-même, par Lépicié. Très-belle ép.

1177 **West** (Benj.), par Heath, d'ap. Newton. Sup. ép. Chine.

## VIGNETTES.

1178 **Binet.** Vignettes pour divers ouvrages. 300 p. Sera divisé.

1179 **Choffard**, en têtes et fins de pages, ornements d'entourages, titres, etc. Plus de 60 p. Pourra être divisé.

1180 **Cochin.** Fleurons, Sujets d'enfants, Allégories, Vignettes diverses, plus de 200 p. Sera divisé.

1181 — Sujets allégoriques de l'Histoire de France. In-4°. 26 p.

1182 **Eisen** (C.). Vignettes pour divers ouvrages, Fleurons, Fins de pages, Groupes d'enfants, Allégories. Environ 300 pièces. Sera divisé.

1183 — Contes de La Fontaine, avec le portrait, par Fiquet. 70 p.

1184 — Les Contes de La Fontaine. 73 charmantes et très-petites vignettes, dont le portrait.

1185 — Vignettes pour divers ouvrages, poésies légères, etc. 44 p., très-petites et très belles.

1186 **Gravelot.** Vignettes diverses, avec jolis costumes, Allégories, Fins de pages. 180 p. Sera divisé.

1187 **Le Barbier.** Allégories, Titres, etc. 23 p.

1188 **Marillier.** La Bible. 120 p. Très-belles ép.

1189 — Vignettes pour divers ouvrages, en têtes et fins de pages, Fleurons, Fables, etc. Environ 300 p. Sera divisé.

1190 **Monnet.** Prothée, Salmacis, Vert-Vert, etc. 49 p.

1191 **Monsiau.** Vignettes diverses. 10 p.

1192 **Moreau** le jeune (par et d'après), Vue de la cathédrale d'Orléans, avec la sortie de la procession. Charmante petite pièce.

1193 — Fête dans un parc. On voit des marchands de jouets, des saltimbanques, etc. Charmante pièce, par Delaunay. In-8°.

1194 — La Pose du Mai devant la grille du château du Seigneur. Jolie p., par Martini, 1775. In-8°.

1195 — Mariage de Louis XIV avec Mme de Maintenon, par Simonet. Jolie p. in-8°.

1196 — Cela ne se peut pas; Vous êtes mon père, 1777. Scène du repas de rosières. Jolie p. in-8°.

1197 — La Fête du Seigneur : on lui apporte des fleurs accompagné de la musique, 1772. Charmante p. in-8°.

1198 — Marie-Antoinette, son portrait entouré de personnages allégoriques pour un titre, par Leveau. Très-belle ép., marge.

1199 — Acte d'Humanité de la Dauphine (Marie-Antoinette), par Duclos. Charmante p. in-8°. Sup. ép., toute marge.

1200 — La Chatte, avant la lettre, 1774. Charmante pièce. In-8°.

1201 — L'Agréable société, terminée par Le Bas, d'ap. J. Vernet, in-4°.

1202 — Aréthuse. — Hespérie. 2 jolies p. gracieuses, par Joiner.

1203 — Les Bienfaits du sommeil, ou les Quatre rêves, 5 p. et texte en vers, sur l'avénement de Louis XVI. Imp. d'Amb. Didot. Petite plaquette, très-rare.

1204 — Pygmalion, scène lyrique. 6 pl. et texte gravé.

1205 — Histoire de France, avec texte gravé, in-4°. 40 p.

1206 — Réduction in-12 du costume physique et moral du XVIIIe siècle. 12 p.

1207 — Plus de 500 vignettes pour les chansons de Laborde, Molière, Rousseau, Voltaire et autres. Avant et avec la lettre. Sera divisé.

1208 **Picart** (B.). Ornement, costumes, petits sujets gracieux, etc. Environ 20 p.

1209 **Queverdo.** Le Jugement de Pâris, les Éléments, la Surprise amoureuse, etc. 8 p.

## ORNEMENTS.

1210 **AM.** Enfants avec des monstres marins. 11 p.

1211 **Androuet Ducerceau.** Les ronds d'architecture et autres. 21 p. Sera divisé.

1212 **B** (Bernard Zan?). Vases, ciboires. 7 p. Très-rares.

1213 **Baptiste.** Vases de fleurs. 7 p.

1214 — Bouquets de fleurs. 7 p.

1215 **Barra** (Jean). Panneaux d'ornements enroulés, formés de figures chimériques. 8 p., dont une double. Très-belles et très-rares.

1216 **Bella** (S. Della). Montans, frises, grands cartouches. 11 p.

1217 **Berain.** Chapiteaux, corniches et grands panneaux. 10 p. Très-belles ép.

1218 **Blasset.** Titres des épitaphes, et autres sujets sur la mort, par divers. 18 p., dont 1 dessin.

1219 **Blondus**? Ornements de bijouterie. Très-beaux. 3 p.

1220 **Boillot** (J). Termes divers, en bois. 19 pièces. Rares.

1221 **Bouchardon.** Second livre de vases. 12 p. Toute marge.

1222 **Boucher.** Alcôves et trumeau. 4 p. d'intérieur.

1223 **Boucher** fils. Premier et deuxième cahiers d'arabesques de 6 feuilles, plus 6 feuilles avant les numéros. 18 p.

1224 **Boulle** (J). Panneau avec des chaises à porteur. Très-beau et rare.

1225 **Bourdon.** Bijouterie et Bourguet. I. B., 1723. 2 p.

1226 **Cornille.** Bibliothèque, chœur et chaire à prêcher. 4 p.

1227 **Duplessis.** Première et deuxième suites de vases. 10 p. Très-belles et toute marge.

1228 **Dupuis,** architecte à Versailles. Recueil de vases. 13 p.

1229 **Ecole de Fontainebleau.** Mois et autres sujets dans des encadrements. 5 p.

1230 **Eisen.** Statue de Flore, vase, titre. 3 p.

1231 **Errard** (Charles). Recueil de vases antiques, gravés par Tournier. 10 p. Très-belles.

1232 **Fay** (J.-B.). Panneaux montants d'arabesques. 7 p.

1233 **Floris** (Cornelis), 1554. Panneaux ornés de figures, 3 p.

1234 **Floro** (J.). Montants d'ornement avec figures et fruits. 4 p.

1235 **Forty.** Vase, flambeaux, ciboire, rampe. 9 p. Très-belles.

1236 **Gillot.** Thetis et autre panneau. 2 p.

1237 **Gozadinus** (J.). Montants d'attributs militaires. 26 p.

1238 **Huet.** Trophées de chasse. 3 p. dont un dessin à la plume. — Allégories, fins de pages avec médailles. 6 p.

1239 **Israel de Mecken** (D'ap.). La grande crosse abbatiale, par Ducase. Très-belle ép. non pliée.

1240 **Kleiner** (d'ap. S.). Intérieur de riche architecture de palais. 7 p.

1241 **Lafosse.** Chenets, trépieds, chandeliers, termes, etc. 21 p.

1242 **Lalonde.** Boîtes, tabatières, poêle. 7 p.

1243 **Le Bas.** Attributs d'églises et autres. 4 p.

1244 **Le Canu.** Fontaines et poêles antiques. 10 p.

1245 — Confessionaux, portes, etc. 7 p.
1246 **Lepautre**. Vases, burettes. 10 p.
1247 — Arabesques, montant, châteaux, paysages. 36 p.
1248 — Bénitiers, chaires, bancs-d'œuvres, chapelles, alcôves, cheminées, portes, intérieurs, etc. 60 p.
1249 — Les Sept Canons de Koller. Très-grande pièce.
1250 **Mansart** l'aîné. Cheminées avec trumeaux. Très-riches. 2 p.
1251 **Mareou**. Arquebuserie et autres poignées d'épées. 5 p.
1252 **Marillier**. Lettre en fleur et martinet, etc. 4 p.
1253 **Marot** (Daniel). Le Triomphe de l'Amour.
1254 **Marot** (Jean). L'Eglise des Jésuites et autres. 15 p.
1255 — Vases. 4 p. Assez rares.
1256 **Masson**. Orfèvrerie, dessus de boîtes. 8 morceaux, dont le titre.
1257 **Nilson**. La Danse, le Jeu, la Lecture. 3 jolies p.
1258 **Oppenord**. Attributs, fin de page. 3 p.
1259 **Pereenet**. Recueil de vases. 6 p. Toute marge.
1260 **Petitot**. Un Aigle tenant une branche de laurier sur la boule du monde, 1760. Vases. 3 p.
1261 **Picart** (B.). Tête et fin de pages. 9 p.
1262 **Pillement**. Jeux d'Enfants chinois. 15 sujets sur 8 feuilles.
1263 — Et autres chinoiseries, grands panneaux, 5 p.
1264 **Pineaux**. Pieds de table, piédestaux. 5 p. Toute marge.
1265 **Piranesi**. Lettres ornées, etc. 10 p.
1266 **Polydore** (D'ap.) et l'Antique. 13 vases sur 9 feuilles.

1267 **Prieur.** Panneaux et vases. 6 p.
1268 **Roubo.** Boîtes de pendules, marqueterie. 2 p. superbes. Toute marge.
1269 **Salembier.** Arabesques. 7 motifs sur 4 feuilles.
1270 **Saly.** Vase à 1 et 2 à la feuille. 15 p.
1271 **Taraval.** Portails et portes de divers ordres. 6 p. Toute marge.
1272 **Tempeste** (Par et d'après). Panneaux d'ornements. 8 p.
1273 **Toro.** Vase, frises, trophée. 7 p.
1274 **Vriese.** Perspectives d'architecture diverses.
1275 — Trophées d'armes à 2 et 4 à la feuille. 4 p.
1276 — Tombeaux. Très-riches. 3 p.
1277 Zeldzaameden, Gent, 1829. Recueil de 22 planches et texte, contenant un grand nombre de pots, cruchons, plats, verres, etc., de toutes for- et très-riches.
1278 Arabesques, Cauvet, Ducerceau, Lajoue. 24 p.
1279 Architecture, chapiteaux, décorations, etc. 30 p.
1280 — Très-grandes pièces, fresques, décorations, etc.
1281 Armoiries diverses, 29 p.
1282 Ecrans de Watteau et autres. Très-riches. 2 p.
1283 Figures grotesques dans des ornements, etc. 8 p.
1284 Fleurs, par divers. 9 p.
1285 Fleurs avec sujets de batailles, chasses et autres très-finement gravés. 12 p. Très-belles. Toute marge.
1286 Joaillerie, devanture de robe, nœuds, aigrettes, 20 p.
1287 Manches d'éventails, très-riches. 16 p. Rares.
1288 Orfèvrerie, épreuves de nielles, tirées sur les bijoux, boîtes, etc. *Uniques.* 67 morceaux.
1289 Serrurerie, balcons, rampes, grille. 5 p.

1290 **Titres illustrés** de divers ouvrages, ornés de figures et d'ornements, depuis 1595 jusqu'à nos jours. 70 p.

1291 Titres de Babel, Dieterlin, Légaré, etc. 13 p.

1292 Vases divers. 25 p.

1293 Bijouteries, Cartouches, Emblèmes, Lit de Ranson, etc. 90 p. Sera divisé.

1294 Candelabres de Michel-Ange et de Raphaël, vase. 3 p. en 5 feuilles.

1295 Ornements et fleurs. 10 p. diverses à la sanguine

1296 Ornements divers, modernes, gravés et lithog. en couleur. 60 p. Pourra être divisé.

1297 Chiffres entrelacés à 3 lettres. 19 feuilles.

## VUES.

1298 **Bachelay**. Vue de la ville du Havre de Grâce. Très-belle ép.

1299 **Bertault**, 1785. Vue du port au blé. — Vue du pont Royal regardant la ville, 2. grandes p. très-intéressantes pour les costumes.

1300 **Brunn** (Isaac). Cathédrale de Strasbourg.

1301 **Ducerceau** (Androuet). Fontainebleau, face dans la cour de la Fontaine. Très-belle ép.

1302 **Durand**. D'ap. Antoine, Très-grande vue de Dijon, prise de la montagne au-dessus de la fontaine Larrey. Très-belle ép. en 3 feuilles jointes.

1303 **Leclerc** (d'après). Le Temple de Charenton, bâti en 1624. — Coupe intérieure. — Démolition, 1685. 3 p.

1304 **Le Bas**. Vue d'une partie du Pont-Neuf, d'après Cochin. Rare.

1305 **Marvye.** Vue de la place Louis XV et d'une partie du jardin des Tuileries, du côté du grand bassin. Belle épr.

1306 **Moreau** le jeune, place Louis XV. Superbe ép., d'une charmante petite pièce.

1307 — Vue de la cathédrale d'Orléans, 1771, d'ap. Trouard, archit.

1308 Notre-Dame de Reims, Tombeau de Saint-Remy, Fontaine Puisieux, porte Bassée, Saint-Pierre-les-Dames, Saint-Nicaise. 6 p.

1309 Vue de Castelnaudary, dessin à l'encre de Chine.

## PIÈCES HISTORIQUES.

1310 **Bertaux** (Duplessis). Sujets et batailles de la Révolution et de l'Empire. Eaux fortes. 50 p. Pourra être divisé.

1311 **Amérique.** Cornwalis et Washington, mort de Wolf, Sarratoga, Malcom, Mort du capitaine Cook, gravé par Byrne. 7 p.

1312 **Angleterre.** Décapitation de Marie Stuart et de Charles Ier. Réception de Guillaume III et d'Henriette-Marie, en Hollande. La famille Darnley et autres. 14 p. Pourra être divisé.

1313 **Espagne.** Philippe IV mort, sur son lit de parade. Belle pièce très-curieuse.

1314 **Hollande.** Convoi d'Albert, archiduc. 7 p., dont le corps.

1315 — Arcs de triomphes et autres décorations pour des fêtes de la Liberté en Hollande. 11 p. Coloriées.

1316 **Divers.** Le Concile de Trente, le Monarque bienfaisant, paix de Munster, le Conclave, Plan d'un Négrier, diverses batailles, etc. 20 p. Pourra être divisé.

1317 **France.** Bataille de Soissons, gagnée par Frédégonde, — et de Pattay, par Jeanne d'Arc. 2 p. Par C.-N. Cochin.

1318 — François Ier et Charles-Quint, en 1558, par Prenner.

1319 — Assassinat d'Henri III par Jacques Clément. Jolie petite p., par M. Merian.

1320 — Assassinat d'Henri IV, par Ravaillac.

1321 — Procession de la Ligue. In-fol. et in-4.

1322 — Dix bandes de costumes, cortége, pour les funérailles du prince de Lorraine, et la salle d'honneur où le corps fut exposé, par Delaruelle. 11 p.

1323 — Arrivée de la Reine à Amsterdam, Roterdam, etc. 3 p.

1324 — Cortége de l'entrée à Paris de Louis XIV, à l'occasion de son mariage, 1660. Grande frise en 5 feuilles réunies.

1325 — Marche du roi Louis XIV, accompagné de ses gardes, passant sur le Pont-Neuf et allant au Palais, d'ap. Van der Meulen Très-bel exemplaire en 3 feuilles séparées. Toute marge.

1326 — Les Echevins à genoux aux pieds de Louis XIV enfant, assisté d'Anne d'Autriche, par Mellan.

1327 — Allégorie. Avènement de Louis XIV. Très-grande pièce, Muséum d'histoire naturelle, Abbaye de la Trappe, Combat de la Hogue, Reddition de place; Illumination, 1682; le Jeu de la guerre, etc. 16 p. Pourra être divisé.

1328 — Couronne de pierreries du sacre de Louis XV, 1772.

1329 — Médaillons historiques du règne de Louis XV. 8 p.

1330 — Aumônes de Monsieur de Paris, scène sur son tombeau, Combat de Woude, Lit de Justice, Sacre, Berg-op-Zoom, etc. 12 p.

1331 — Illumination de la rue de La Ferronnerie, Trône à l'appartement de l'Infante. 2 p. Très-belles.

1332 — Feu d'artifice, illumination, bal, etc. 10 p.

1333 — Jeu de la Constitution (des appelants). Très-bien gravé. Superbe ép. Très-rare.

1334 — Louis XV et son état-major, au fond une bataille. Eau-forte pure. Avant toute lettre.

1335 — Revue de la Maison du roi Louis XV au trou d'Enfer. Avant toute lettre et avant les armes.

1336 — Le même, avant toute lettre avec les armes.

1337 — Décoration et feu d'artifices à Versailles, 1739. Eau-forte pure et terminée. 2 p. Pourront être séparé.

1338 — Salle de spectacle, bal paré et cérémonie du mariage du Dauphin, 1745. 3 très-grandes et superbes p. avec marge, gravées par Cochin.

1339 — Arrivée du roi au Havre; Sur le balcon des casernes; Sur la plage; Carenne d'un navire; Sur les hauteurs d'Ingouville. 5 p. gravées par Le Bas. Ont été encadrées.

1340 — Arrivée du roi, Illumination de la grande rue, Sur les hauteurs d'Ingouville. 3 p. très-belles. Toute marge.

1341 — Maximes générales du gouvernement agricole, gravé par Ger main, 1775.

1342 — Mariages des dix jeunes filles, sous le patronage du Roi. Avant toute lettre.

1343 — Exécution de Robert-François *Damiens*, en place de Grève, 28 mars 1757. Rare.

1344 — Expériences aérostatiques de Blanchard, Charles et Robert, Pilatre des Rosiers, Montgolfier, etc. Plus de 25 p.

1345 — Sacre de Louis XVI à Reims, 1775. Très-belle ép. d'une des plus considérables de *Moreau le jeune*.

1346 — La Reine (Marie-Antoinette) annonçant à Mme de Bellegarde des juges et la liberté de son mari, 1777, par Duclos.

1347 — Couronnement de Voltaire au Théâtre-Français, par *Moreau le jeune*. ép. 1er état.

1348 — Arrivée de la Reine à l'Hôtel-de-Ville. — Feu d'artifice pour la naissance du Dauphin, 1782. 2 grandes et belles p. Toute marge.

1349 — Coup d'œil de l'arrangement des peintures au salon du Louvre, en 1785. Chez Bornet.

1350 — Allégories, Liberté, Égalité. 2 figures en manière noire.

1351 — Liberté, Égalité. 2 petites pièces sur satin imprimées en couleur.

1352 — La Raison, l'Innocence, Unité, Liberté, Égalité, etc. 20 pièces.

1353 — Recueil d'anniversaires, allégories du règne de Louis XVI, 17 sujets et texte.

1354 — Confession général de Paul-Eugène Mottier, dit Lafayette, à l'abbé de Saint-Martin. Paris, 1790. 24 pages et fig. Rare.

1355 — Satire contre la famille royale; deux coqs, une poule et trois poussins à têtes humaines. Charmante petite pièce ronde en couleur.

1356 — Mlle de Sombreuil sauvant son père; Mort du prince de Lamballe; Mort de Mirabeau; Exécution de Louis XVI. 4 petites p.

1357 — Testament de Favras à l'Hôtel-de-Ville, et autres. 18 p.

1358 — Costumes : Officier de la garde nationale, 1789. — Représentant du peuple aux armées, 1793. — Centurion des élèves de Mars, 1794. — Officier des orphelins de Paris, 1793. — Officier des enfants de la Pitié.—5 p. très-bien coloriées. Superbes. Toute marge.

1359 — Le Plat à barbe lillois, éclat de bombe. 6 octobre an Ier.

1360 — Évènement, 12 juillet 1789. Le prince Lambesc entrant aux Tuileries, par Moreau le jeune.

1361 — Arrivée du roi à Paris, 1789. En couleur, par Guyot.

1362 — Très-grande allégorie, par Duplessis, sur le 14 juillet 1789.

1363 — Pillage de l'Hôtel de Ville de Strasbourg, par Devere. Rare.

1364 — Décoration et illumination sur le terrain de la Bastille, 1790. *Ici l'on danse*, imagerie coloriée. Toute marge.

1365 — Massacre de la garde nationale de Montauban, 1790.

1366 — Translation de Voltaire au Panthéon, par Miger. Belle épr.

1367 — Assemblée nationale, 9 thermidor, 13 vendémiare. 3 p. par Helman.

1368 — La Fédération au Champ-de-Mars. 5 p. différentes. Pourra être divisé.

1369 — Acte constitutionnel, an III, offert par Palloy.

1370 — 10 août 1792, dédié aux braves sans-culottes. Belle pièce en bistre, avec le costume au bas dans le texte. Toute marge.

1371 — Le Pacte national. En bistre. —Louis XVI au temple de la Constitution. 2 p.

1372 — Adieux de Louis XVI à sa famille. Eau-forte pure d'une très-jolie p. in-4., toute marge.

1373 — Séparation de Louis XVI.--Procès de Louis XVI. —La Dernière entrevue de Louis XVI.—Louis XVI et son confesseur montant à l'échafaud. 4 p. par Cardon, Schiavonetti, Vandramini.

1374 — La Mort du patriote Jean-Paul Marat ; Charlette Corday l'assassine dans son bain ; un homme derrière elle est effrayée de son action. Manière noire coloriée. Rare. Chez Basset.

1375 — Mort de Jean-Paul Marat ; Charlotte Corday l'assassine sur un canapé. Gravé à Londres, par Schiavonetti.

1376 — Tombeau de Jean-Paul Marat. Gravé par Née, d'ap. Pillement.

1377 — Dessin du sujet ci-dessus, avec des figures de moins. Aquarelle.

1378 — Siége de la Bastille, Fédération, Champ de Mai, Assemblée des notables, Séance au palais. 8 p. par Girardet.

1379 — Le Corps de garde du Pont-Neuf brûlé et autres. Avant la lettre. 4 p.

1380 — Journées de la Révolution, par Berthault, d'ap. Prieur. 40 p.

1381 — Tableaux des papiers-monnaie. 3 feuilles en couleur différente.

1382 — Serment du Jeu de Paume. Grande p. à l'eau-forte, par Denon.

1383 — Allégorie sur la mort de Mirabeau, avec son portrait ; la France cherche à arrêter la Mort qui l'emporte. Eau-forte, par Lélu.

1384 — Prise de la Bastille, scène du gouverneur. Belle p. avant toute lettre. Probablement anglaise. — Convoi du seigneur des Abus. En bistre. 2 p.

1385 — 31 mai 1793. — Nuit du 9 au 10 thermidor an II. 2 grandes p., lettre grise, avant le texte dans le bas.

1386 — Grande attaque de Valenciennes par le duc d'Yorck, le 25 juillet 1793, par Bromley, d'ap. Loutherbourg. Très-grande et belle p.

1387 — Mort de Marceau, par Ingouf, d'ap. Lebarbier. Grande pièce. Rare.

1388 — Son convoi. Eau-forte, par Sergent et autres. 3 p.

1389 — Combats maritimes, Sujets sur Necker, etc. 12 p.

1390 — Entrevue de Napoléon et de l'archiduc Charles. 2 p. différentes, noir et couleur ; Clémence de Napoléon. 3 jolies petites pièces.

1391 — Machine infernale. Petite p. bien gravée.

1392 — Batailles, Arc de triomphe, Sacre, etc. 30 p.

1393 — Bataille d'Alexandrie, 1801. Grande et belle p. par Turner. En bistre.

1394 — Cortége pour le sacre, par Lelue. Très-belle ép. avant la lettre. Toute marge.

1395 — Le même, avec la lettre. En couleur.

1396 — Triomphe de la République française ; Bonaparte et ses généraux entourent le char de la Constitution de l'an VIII. Très-grande et belle p. toute marge, et autre. d'ap. Laffitte. 2 p.

1397 — Entrevue des empereurs à cheval; Bataille. 2 très-belles pièces avant toute lettre.

1398 — La Colonne Vendôme, par Dup. Bertaux. Avant la lettre. L'Éléphant de la Bastille.

1399 — Bivouac des Cosaques aux Champs-Elysées, 1814, par Jazet. Superbe ép. en couleur, toute marge.

1400 — Sujets depuis la Restauration jusqu'à Sébastopol. 30 p. gravées et lith. Pourront être divisées.

1401 — Assignats; Bon de l'armée de Bretagne, avec le portrait de Louis XVII; Assignats de 50, 100, 500, etc. Bon lot

1402 — Discours du roi, 4 février 1790; Bulle du pape Pie VI, et Portrait de sa sœur; Enrôlement de 200,000 filles; Cartes d'entrées aux théâtres; Têtes de lettres diverses. Plus de 40 p.

1403 — Monogrammes, Chiffres, Lettres initiales des peintres et graveurs. 7 feuilles.

1404 — Sujets de diverses époques; Massacres de Vassy; le Jansénisme foudroyé; Batailles, etc. 50 p. Pourra être divisé.

## COSTUMES.

1405 **Duflos**. Costumes divers. 20 p. noir et couleur.

1406 **Hollar**. Aula Veneris. Costumes de femmes de diverses nations. 60 p. Très-belles ép. en 1 petit vol.

1407 **La Chapelle**. Costumes de dames orientales. 12 p.

1408 **Rabel.** Costumes de dames avec titre : Voici comme l'on s'accommode, etc., dix vers. 8 p. Belles et rares.

1409 **Wierix** (Ant.). Ordres sacrés institués par Othon III. Très-grande p. en 2 feuilles à superposer.

1410 Costumes orientaux, arabes, chinois, égyptiens, grecs, turcs, etc. ; Planches pour le voyage de Levaillant en Afrique. 130 p. Pourra être divisé.

1411 — Costumes des XIV$^{e}$ et XV$^{e}$ siècles, Armures, etc. 31 p.

1412 — Costumes allemands, suisses, etc. 25 p. noir et couleur.

1413 — Costumes polonais. 13 p.

1414 — Costumes de masques pittoresques. 4 p. Firens ex.

1415 — Costumes militaires, arquebusiers, hallebardiers, etc. 26 p.

1416 — Epoque de Louis XIV. 32 p.

1417 — Époque de Louis XV. 30 p.

1418 — Costumes militaires français et étrangers, 1800 à nos jours. 68 p. Pourra être divisé.

1419 — Civils et politiques de la Révolution et Empire. 16 p.

1420 — Costumes de dames, d'ap. Watteau fils. 3 p.

1421 — Français XVIII$^{e}$ siècle. 16 p.

1422 — Coiffures avec titres, chapeau désir de plaire, à la Vache, etc. 2 feuilles de 12 coiffures chaque.

1423 — Normands, Corses, etc. 16 p.

## CARICATURES.

1424 — Guillot le Songeur, qui ne voit que des singeries dans le monde.

1425 — Le Savetier siffleur de linotte. Chez Ciartres.

1426 — Sujets drôlatiques et proverbiaux. 4 p. curieuses.

1427 — Pugillus, 1608. Facéties, proverbes, etc. 18 p.

1428 — Arlequin greffier; Gagne Petit, le Vieillard dupé, le Cours de la vie humaine, etc. 13 p.

1429 — Changez-moi cette tête. Belle p. en bistre.

1430 — Paysan portant un prélat. — Prélat portant un paysan, — J'ai quitté ma soutane. 3 p. coloriées.

1431 — Vie d'une jolie fille et d'un joli garçon. — Sujets du bon genre, Costumes russes, etc. 14 p.

1432 — Vœux des Royalistes; Louis XVIII en croupe d'un cosaque.

1433 — Musée de la caricature. 13 copies des anciennes p.

1434 — Musée grotesque de G. de Cari. 12 p. coloriées.

1435 — Calicots et caricatures jusqu'à 1830. 26 p.

1436 — Caricatures anglaises coloriées, par Rowlandson et autres, environ 30 p. Sera divisé.

## DIVERS.

1437 **Têtes de romances**, par Mouilleron. 41 p.

1438 — Par Eugène Leroux. 64 p.

1439 — Par Grenier. 20 p.

1440 — Par Célestin Nanteuil. 31 p.
1441 — Par Divers. 160 p.
1442 L'Artiste, journal. Environ 100 p.
1443 Tableaux des principales religions du monde, par B. Picart. Plus de 200 p.

## LIVRES A FIGURES.

1444 **Album** contenant 362 sujets historiques, portraits, etc., en bois, découpés des publications modernes.

1445 — Contenant 637 sujets en bois, vignettes, traits, etc.

1446 Album de pièces tirées du cabinet Denon. 52 feuilles, la plupart lith, par Bouillon. Environ 95 sujets.

1447 **Boilly** (J.). Costumes italiens, 1827. 43 p. lith. coloriées. Vol. in-4, d.-rel.

1448 **Burgmaer** (D'ap. H.). Images des saints et saintes de la famille de l'empereur Maximilien Ier. 119 pl. gravées en bois, broché, 1799.

1449 Cabinet Choiseul. Recueil de 127 pl., titre et texte gravés. Cartonné.

1450 Concours décennal. 30 pl. gravées d'après les ouvrages d'art mentionnés dans le rapport de l'Institut, Texte, d.-rel.

1451 — Le même ouvrage. Superbe exemplaire en 10 livraisons.

1452 **Cornelius**. Le Paradis du Dante. 9 p. Faust, lith. par Magnenot. 26 p. — Par Muret 26 p. — 3 cahiers.

1453 **Deveria**. Contes de Lafontaine. 30 lith. sur chine, in-4. Beau vol. d.-rel., dos et coins rouges,

1454 **Flaxman.** Les Tragédies d'Eschyle. 31 lith., par Feillet et Laqueson. En feuilles.

1455 **Fra-Bartolomeo** (d'ap.). Composition. La Vierge entourée de saints et saintes; les têtes, dont le portrait de Bartolomeo. 23 p. en bistre, vol. petit in-fol.

1456 **Gailhabaud.** Monuments anciens et modernes. 1 à 16 livraisons.

1457 **Gaspre Poussin.** 14 paysages sur 8 feuilles; les tableaux sont à Rome.

1458 **Gillot.** Les Fables de Lamotte, vol. in-4.

1459 **Goya.** Fantaisies. 80 p., dont son portrait à l'eau-forte. Très-bel exemplaire broché.

1460 **Larmessin.** Portraits des rois de France, depuis Pharamond jusqu'à Louis XIV. 65 p.

1461 **Marillier** (d'ap.). Les Idylles et les Romances de Berquin. 30 jolies vignettes, par Delaunay.

1462 **Marolais** (Samuel). La Perspective. 80 pl. gravées pour explication. Amsterdam, 1638.

1463 **Perelle.** Recueil de 150 paysages et marines.

1464 **Pinelli.** Recueil de 50 costumes pittoresques de Rome. 1809.

1465 **Saint-Igny.** Éléments de Povrtraitvre, etc. 67 p., dont 8 impr. dans le texte. — *Libro novo da dissegnare,* par Collignon. 21 p., dont 1 par Biard. En tout, 88 p., vol. broché, parchemin extrêmement rare.

1466 **Taylor.** Voyagage dans l'ancienne France, Normandie. 233 planches et texte en 2 portefeuilles.

1467 **Tempesta.** Ancien Testament. 213 p. dans un vol.

1468 **Veenius** (d'ap. Otto). Bellum Batavium. 34 p.

1469 **Vien.** Caravane du sultan de la Mecque ; Mascarade turque par les pensionnaires de Rome. 32 p. à l'eau-forte. Bel exemplaire, vol. carton.

1470 **Vos** (d'ap. Martin de). Anachorètes. Environ 90 p.

1471 Les Beaux-Arts de Curmer, en livraisons, avec textes incomplets. 71 planches.

1472 Trésor numismatique de Collas, bas-reliefs, ornements. Plus de 80 planches et texte.

## AUTOGRAPHES.

1473 **Manuscrit.** Coriolan, tragédie en cinq actes et en vers, composé par M. le comte de Ségur, à bord de Northumberland, en 1783. Veau plein, tranche dorée. (Dédié à l'impératrice Catherine II.)

1474 ARTISTES. Architectes, Musiciens, Peintres, Sculpteurs, Auger, Bartolini, de Bez, Blondel, Blouet architecte; Champmartin, Chaponnier avec 2 dessins; L. Coigniet, Couder, David d'Angers, Decamps. L. a. s. de 4 pages et 4 billets. E. Delacroix, Delaroche, Denon, J. Dupré, 5 billets aut. sig.; d'Estouilly, E. Flandrin, Robert Fleury, Mlle Gérard, Grenier, Gudin, Guillemot, Guindrand, Habeneck, Halevy, Hennequin, H. Horeau architecte; Ingres, Isabey, C. Jacquand, Ch. Jacques, Lebman, Marin Lavigne, Perrot, Préault, Michel Prony ingénieur; Rivoulon, Roqueplan, Scheffer, 4; Smargiasi, Taylor, Titeux architecte; Carle Vernet, Vigneron, Wattier, Ziegler. Ce numéro sera divisé.

1475 COMÉDIE FRANÇAISE. Ordre de louer une loge à Mme de Beauharnais, signé de vingt sociétaires, Bellecour, Bellemont, Brizard de la Chassaigne, Dazincourt, Desessarts, Doligny, Dorival, Dugazon (M. et Mme), Fanier, Florence, Fonteuil, Lelièvre, M. et Mme Préville, Raucourt, Suin, Vanhove, Mlle Vestris. Très-belle p.

1476 CONSULAT. Brevet de pension avec entête de Naigeon, signé par Carnot, Cambacérès, Maret de Bassano. Papier.

1477 BONAPARTE. Brevet de capitaine sig. aussi par Berthier. Parchemin.

1478 — Lucien. Lettre sig. comme ministre de l'intérieur.

1479 LECAT (pièces ayant rapport à l'adjudant-général). Signées par Berthier, Cherin, Dumas, Grouchy, Hedouville, Lacépède, Miollis, Moncey, Oudinot, Petiet, Reveillère-Lepaux, Schizzati, Soult, Tonduti, etc. Plus de 48 p., plusieurs avec vignettes de la République en tête.

1480 LITTÉRATEURS. Andrieux, Béranger, Cousin, Emeric David, Casimir Delavigne, Ferd. Denis, Em. Deschamps, Dorat, Al. Dumas, François de Neufchâteaux, J. Janin, A. Karr, Lacroix, Lamennais, Aimé Martin ; Musique copiée par J.-J. Rousseau ; Saint-Victor, Mme Waldor. Plus de 20 lettres. Sera divisé.

1481 MÉDECINS, etc. Alibert, Chaussier, Cruveilher, Dupuytren, Dutrochet, Percy. 6 lettres aut. ou sig.

1482 PERSONNAGES ÉTRANGERS. Nesselrode, Potoski, Pozzo di Borgo, Romanzow. 5 lettres aut. et sig.

1483 PERSONNAGES POLITIQUES et autres. Duc de Bassano, Bignon, L. J. M. de Bourbon, Bourmont, Decazes, Dupin aîné, Fain, Gérard, S. de Girardin, Hoche, Lafayette, Madier de Montjeau, Maison, Martignac, Martin du Nord, Méchin, Merlin de Douai, Molé, Moncey, Montholon, Montmorin, Louis-Philippe I, Oudinot, Peyronnet, comte de Puyraveau, duc de Richelieu, Salvandy, E. Salverte, Santerre, Séguier, Thibaudeau, Valmy. Plus de 40 lettres, soit autographes, soit signatures. Pourra être divisé.

1484 SAVANTS. Arago, J. Bentham, Bory Saint-Vincent, Brongniart, Bruzart, de Candolle, Chaptal, Coriolis, Cuvier, Dusommerard, Dumas, Ch. Dupin. Ferussac, Geoffroy Saint-Hilaire, Jomard, Jussieu et Desfontaines, Lalande, Lesson, Vandanne. 23 lettres et aut. sign.

1485 PARCHEMINS et lettres diverses. Un très-fort lot.

---

## ESTAMPES

### ÉCOLE FRANÇAISE, XVIII^e SIÈCLE.

1486 **Anonyme.** L'Instant de la gaîté. — La Chambrière instruite. — La Réflexion tardive. — La Perte irréparable. 4 p. toute marge.

1487 — Jeune dame dévidant du fil. Très-belle épr. toute marge avant toute lettre.

1488 — Le Sommeil interrompu.

1489 — Mère et son enfant nus sur un lit. Manière noire ovale. Rare.

1490 — Diane et ses nymphes surprises par Actéon. Très-belle épr. avant toute lettre marge. 4

1491 **Aubert** (d'ap.). La Revendeuse à la toilette, par Duflos. 4

1492 **Aubry** (d'ap.). Les Adieux de la nourrice, par Delaunay. — L'Amour paternel, par Levasseur. 1

1493 — Première leçon d'amitié fraternelle, par Delaunay. Grande et belle p. 3

1494 **Aveline**. Les Sens, Vénus à sa toilette, 6 p. 9

1495 **Avril**. Citie. Avant la lettre toute marge. 1

1496 **Balechou**. La Tempête. — Les Baigneuses. 2 p. d'ap. Vernet. Belles ép. avant les raies sur le texte. 1

1497 **Baudouin** (d'ap.). Le Léger vêtement, par Chevillet. 2

1498 — Marton la bouquetière. — Pérette la laitière. 1

1499 — Sa taille est ravissante. — Jusques dans la moindre chose. 2 p. 5

1500 — Le Soir, par de Gendt. Ép. d'eau-forte pure avec le bonnet et avant le changement. Déchiré. 3

1501 — Le Soir. Superbe ép. avant toute lettre et avant le changement. 11

1502 — La Nuit. Superbe ép. avant toute lettre. 5

1503 — Le Midi. — La Nuit. 2 p., par de Ghendt. 5

1504 — La Soirée des Tuileries, par Simonnet. Très-belle ép. avant toute lettre. 8

1505 — Le Curieux, par Maleuvre. 2

1506 — Le Lever, par Massard. Très-belle ép. Charmante p. 18

1507 — La Toilette, par Ponce. 3

1508 — Le Soins tardifs, par Delaunay. Très-belle. 4

1509 — La Rencontre dangereuse. Eau-forte pure avant le cadre. 1

1510 — La même, terminée par Leveau.

1511 — Le Jardinier galant. Eau-forte pure et terminée. 2 p.

1512 — La Sentinelle en défaut, par Delaunay. Très-belle.

1513 — L'Épouse indiscrète, par Delaunay. Belle.

1514 — Le Coucher de la mariée, par Moreau et Simonet.

1515 — L'Enlèvement nocturne, par Ponce.

1516 — Le Fruit de l'amour secret, par Voyez. Sup. épr.

1517 — Le Modèle honnête, par Moreau et Simonet.

1518 — Le Catéchisme. — Le Confessionnal. 2 p. par Moitte.

1519 **Beauvarlet.** Actéon métamorphosé en cerf, Rottenhamer. Très-belle épr.

1520 — Sacrifice à Priape, d'ap. Raoux. Avant toute lettre.

1521 — La marchande d'amours. Avant toute lettre.

1522 — Le Café hollandais, d'ap. Ostade. Superbe ép. toute marge.

1523 **Bellanger**, 1770. Jésus au milieu des docteurs. Jolie petite p. Superbe épr. toute marge. — Saint Paul prêchant dans Athènes. 2 p.

1524 **Bénard** (d'ap.). La Nourrice qui ramène l'enfant, par Duflos.

1525 — Le Marchand de poisson de Dieppe. — Le Petit palet. — La Partie de chasse et autres. 6 p.

1526 **Benazech** (D'ap.). Le Braconnier, par Ingouf. Grande et belle pièce avant la lettre.

1527 **Bernard.** L'Adoration des Bergers. 1er état avant la lettre.

1528 **Boilly** (D'ap.). Scène de Voleur. Avant la lettre. Très-belle ép.

1529 — Le Cadeau, par Bonnefoy. Imprimé en couleur.

1530 — Suite de la douce impression de l'Harmonie, par Wolff.

1531 — Deux dames regardant des serins, par Honoré. Avant la lettre. Superbe ép.

1532 — Avant la toilette. Superbe ép. Toute marge.

1533 — Le Nid de fauvettes, l'Optique, Prélude de Nina, l'Amant favorisé, Comparaison des petits pieds, Ah! comme il y viendra, Ça ira, Sommeil de l'innocence, etc. 13 p.

1534 **Boissieu**. Le Pont à trois arches. — La Fête du village. — Croquis à la tête de chien. — Tête d'homme, d'ap. Van Dyck. — Vue du château de Madrid et autres paysages. Anciennes ép. et autres. 19 p. Pourront être divisées.

1535 — Vue de Lyon prise du quai Saint-Antoine. Très-grande p. à l'eau-forte.

1536 **Boizot**. La Hollandaise à son clavecin. D'ap. Metzu. Belle ép. Marge.

1537 **Borel** (D'ap.). L'Indiscret. Eau-forte pure. — Le même, terminé avec changement. 2 p.

1538 — Vous avez la clé, mais il a trouvé la serrure. Avant la dédicace.

1539 — Le Mariage conclu. Avant et avec la lettre. 2 p.

1540 — Le Maréchal des logis. — Diane et Actéon. 2 p.

1541 **Bouchardon** (D'ap.). Suite de sujets, d'ap. l'Antique. 12 p.

1542 — Études prises dans les Cris de Paris, etc. 17 p.

1543 — Les Cinq Sens, par Fessard. 5 p.

1544 — L'Anatomie. — Études d'enfants, etc. 17 p.

1545 — Les Muses et autres, diverses, 20 p.

1546 — Ulysse évoque Tiresias, Triomphes de Bacchus, d'Amphitrite, Fêtes de Palès. 4 grandes p.

1547 **Boucher**. Eaux-Fortes originales, les Enfants dormant près d'un chat. — La Femme à la cruche. — Andromède terminée. — Études, d'ap. Bloemaert, etc. 14 p. Pourront être divisées.

1548 — (D'ap.). Anonyme, Balançoire, Colin-Maillard, le Sommeil. 3 p. en manière noire.

1549 — Danaë. Très-belle ép. Avant toute lettre.

1550 — *Aveline*. Second livre de Fontaine. 7 p.

1551 — Groupes d'enfants, Fontaine de l'Amour, Saisons, etc. 7 p.

1552 — La Belle Cuisinière. Belle ép.

1553 — Enlèvement d'Europe. — Naissance de Bacchus. 2 grandes p.

1554 — *Beauvarlet*. L'Amour à l'épreuve.

1555 — Le Départ. — L'Arrivée du Courrier. 2 p. Très-belles. Avant toute lettre.

1556 — Le Mariage de Psyché et l'Amour. Grande p.

1557 — *Cars*. Grandes vignettes, in-4, pour Molière. 21 p.

1558 — Vignettes, in-12, pour Molière. Par Fessard. 23 p. avec le portrait.

1559 — Les mêmes. Par J. Punt. 20 p.

1560 — *Chedel*. Le Puit, la Colation rustique, Paysages, etc. 6 p.

1561 — Acajou et Zirphile, Conte, Vignettes, in-4 et in-8. 18 p.

1562 — *Cochin*. Arabesque, Morceau de paravent. Rare.

1563 — *Daullé*. La Bergère endormie surprise par le Berger.

1564 — Vénus et l'Amour. Belle et rare.

1565 — Les Buveurs de lait. Belle ép.

1566 — Naissance et triomphe de Vénus.

1567 — Les Plaisirs de l'été.

1568 — *Dennel*. L'Attention dangereuse. Belle ép.

1569 — *Duflos*. Groupes d'enfants, Saisons, Éléments, etc. 8 p.

1570 — L'Eau. — L'Automne. 2 ép. Très-belles.

1571 — *De Fehrt*. La Petite Maîtresse d'école. — Le Petit ménage. 2 p. Toute marge.

1572 — *Fessard*. Étude de femme nue assise.

1573 — L'Amour désarmé.

1574 — *Gaillard*. Vénus et les Amours.

1575 — Jupiter et Calisto. Ep. Marge.

1576 — *Huquier*. Fontaine, Intérieur, Pastorales, etc. 10 p.

1577 — Groupes d'enfants, Peinture, Sculpture, Musique, etc. 6. p. Très-belles.

1578 — La Cornemuse. — Le Cheval fondu. 2 ép. Toute marge.

1579 — Titre blanc — et grand sujet chinois. Avant la lettre. 2 p.

1580 — Le Réveil, Femme nue couchée.

1581 — *Ingram*. La Jardinière, la Bouquetière Fanchonette, Marchande d'œuf, la Quêteuse de grand chemin, etc. 5 p.

1582 — *Jeaurat*. Paysanne des environs de Ferrare. Très-belle.

1583 — *Larmessin*. Le Fleuve Scamandre. — Calandrier des Vieillards. 2 p.

1584 — *Lebas*. A Ramoner. — Des Pâtés des Talmouses. 2 p.

1585 **Boucher** (D'ap.). Première vue de Charenton. — Deuxième vue de Beauvais. 2 p.

1586 — Pensent-ils au raisin. Belle ép.

1587 — Meurs libre et sois vengé d'un traître, scène à Venise. Sup. ép. Marge. D'une très-jolie vignette.

1588 *Leprince.* — La Maîtresse d'école. Sup. ép Facsimile de dessin. Toute marge.

1589 — *Massard.* Vénus et Adonis, charmante vignette. Très-belle ép.

1590 — *Miger.* La Confidence.

1591 — *Moreau.* Vénus couchée. Très-petite pièce. Belle ép. Marge.

1592 — *Ouvrier.* Les Nymphes au bain. Très-belle ép. Avant toute lettre.
— La même. Avec la lettre.

1593 — Le Pigeon messager. Ép. avant la lettre.

1594 — *Parizeau.* Jupiter et Antiope. Joli fac-simile. Sanguine. Sup. ép. Marge.

1595 — *Pasquier.* Elle mord à la grappe. — De trois choses en ferez-vous une? 2 p.

1596 — *Polenith.* La Voluptueuse. Rare. Belle ép. Rognée.

1597 — *Ravenet.* Ancienne mode française, Femmes de Boulogne et de Naples, l'Heureux âge, 4 p.

1598 — *Ryland.* Le Repos champêtre. — Les grâces au bain. 2 p.

1599 — Titre. Nouveau livre d'Académie entouré de cinq amours et de fleurs. Sans marge.

1600 — Jupiter et Léda. Marge.

1601 — *Saint-Aubin.* Vertumne et Pomone. Avant toute lettre.

1602 — *Saint-Non*. Pan et Syrinx. — Groupe de Tritons et de Nayades. 2 ép. Fac-simile. Belles ép. Marge.

1603 — *Tardieu*. Jeune Fille tenant des fleurs. — Diane et Actéon. 2 p.

1604 — *Thiers*. Petit Paysan assis. Jolie eau-forte. Sup. ép. Marge.

1605 — *Tilliard*. Quos Ego, belle allégorie. Toute marge.

1606 **Boulogne** (D'ap.). L'Automne. — Actéon, etc. 4 p.

1607 **Bounieu** (D'ap.). Les Amis de Flore. Eau-forte pure et terminée.

1608 — La Nymphe au bain. Sup. ép. Toute marge. Par Letellier.

1609 — L'Innocence sous la garde da la Fidélité. Par Ponce.

1610 **Briard** (D'ap.). Le Devin de village. Par Jourdheuil.

1611 **Caresme** (D'ap.) La Colombe chérie. — Le Refus inutile. 2 p.

1612 — La Tendre éducation.

1613 — Le Satyre impatient. Par Anselin.

1614 — Le Baiser napolitain. Bacchanales, etc. 6 p.

1615 **Casanova** (D'ap.). L'Escorte d'équipage et autres. 5 p.

1616 **Caylus**. Sujets pour l'histoire des chats, et M<sup>me</sup> de Graffigny dictant un testament pour son chat. 8 p.

1617 **Challe** (D'ap.). Le Poirier enchanté. — Le Pannier renversé. 2 p.

1618 — Quand l'Hymen dort l'Amour veille. En couleur. Par Maucier.

1619 — Le Souvenir agréable. — Le Repos interrompu. 2 p. Par Vidal.

1620 — Le Modèle disposé, l'Officieuse Femme de chambre, la Comparaison. 3 p.

1621 **Chantreau** (D'ap.). Distribution de fourrage au Sec. — Rue d'un Camp. 2 p. Par Lebas. Belles ép.

1622 **Chaponnier**. Le Modèle disposé. D'ap. Challe.

1623 — The officious Waiting Woman. D'ap. Challe.

1624 — Ce qui est bon à prendre est bon à garder. D'ap. Huet. Sup. ép. Avant la lettre et le changement. Toute marge.

1625 **Chardin** (D'ap.). Par *Cars*. La Serinette.

1626 — *Cochin*. Le Garçon cabaretier. Belle ép.

1627 — Le Même et la Recureuse. 2 p.

1628 — La Blanchisseuse. Très-belle ép. Marge — et l'eau-forte. 2 p.

1629 — La Fontaine. — La Blanchisseuse. 2 p. Belles. Avec marge.

1630 — *Fessard*. Hâte-toi donc Frontin, etc. (Jeune dame prête à cacheter une lettre).

1631 — *Filloeul*. Les Bouteilles de savon. Très-belle ép.

1632 — Le Château de cartes. Très-belle ép.

1633 — *Flipart*. Le Dessinateur vu de dos. Belle.

1634 — L'Ouvrière remettant la pelotte dans la corbeille. Belle.

1635 — *Lebas*. Étude du dessin. Le titre coupé.

1636 — Le Négligé ou Toilette du matin. Très-belle ép.

1637 — *Lépicié*. Le Souffleur. Belle marge.

1638 — La Pourvoyeuse. — La Ratisseuse. 2 p.

1639 — La Gouvernante. 1re pl. Très-belle.

1640 — La Gouvernante. 2e pl. différente. Belle ép.

1641 — La Mère laborieuse. 1re pl. Belle ép. Marge.

1642 — La Mère laborieuse. 2e pl. Très-belle.

1643 — Le Bénédicité. Belle ép.

1644 — *Surugue*. L'Aveugle.

1645 — L'Antiquaire, Singe examinant une médaille. Belle ép. Rare.

1646 — Les Amusements de la vie privée.

1647 — L'Instant de la méditation. Belle ép. Marge (C'est Mme Lenoir).

1648 — Le Jeu de l'oie. — Les Tours de cartes. 2 p.

1649 — La Livraison de l'Histoire des Peintres, Réduction, Bénédicité, Pourvoyeuse, Négligé, etc. Environ 12 p.

1650 **Charpentier** (D'ap.). Les Petits Voleurs. Par Mme Lefort.

1651 **Chedel**. Feste de Campagne. — Nopce de village. — Événements militaires. — Paysages. 7 p.

1652 **Chereau** (Chez). Trois petites pastorales dans des ronds. 4 p. Sup.

1653 **Chevalier**. Quatrième Cahier de charges. A l'eau-forte. 1771. 6 p.

1654 **Chevillet**. La Santé portée. — La Santé rendue. 2 p. D'ap. Terburg. Belles ép.

1655 **Claessens**. Le Voyageur. D'ap. Asselyn. Très-belle.

1656 **Cochin** (D'ap.). Concours pour le prix des têtes et de l'expression. Par Flipart. 1763. Ép. Marge.

1657 — Hommage des Arts, Fontaine de la Vérité d'amour, etc. 4 p.

1658 — Frontispice de l'Encyclopédie, Allégories avec portrait de Louis XV, etc. 4 p.

1659 — Le Plaisir de bonnes gens, l'Age viril, Retour d'un bal, etc. 4 p.

1660 — Le Chanteur de cantiques, Tailleur pour femmes, le Maçon, etc. 6 p.

1661 **Coqueret** (D'ap.). La Jeune aubergiste. Par Halbou. Marge.

1662 **Courtin.** Triomphe de Bacchus et autres. 3 p.

1663 **Coypel** (Antoine). Pan vaincu par les Amours. R. D. 10.

1664 — (D'ap.). Le Triomphe de Galathée. — L'Hymen de Bacchus et d'Ariadne. 2 par Duflos.

1665 — Renaud et Armide, Pan et l'Amour et autres. 7 p.

1666 **Coypel** (D'ap. les). L'Amour maître d'école. Sans marge.

1667 — Qui pourrait à Philis ne pas rendre les armes. Par Boiet. Belle ép. Toute marge.

1668 — La Charité romaine. Par Danzel.

1669 — O moments trop heureux où règne l'innocence. Par Joulain. Toute marge.

1670 — M. de Pourceaugnac. — Les Femmes savantes. — L'École des femmes. — Georges Dandin. 4 p. Par Joulain.

1671 — L'Alliance de Bacchus et Vénus. — Le Bain de Diane. 2 p. Par Lebas.

1672 — La Jeunesse sous les habits de la décrépitude. Très-jolie pièce. Marge. Gravé par Lépicié.

1673 — L'Amour de village ou l'Amour naïf.

1674 — Jeux d'enfants, en costumes de déguisements.

1675 — Thalie chassée par la Peinture.

1676 — Allégorie. La Fortune. Par S. Maurice. 1731.

1677 — Themire. Par Surugue.

1678 — Histoire de Don Quichotte, servi par les demoiselles de la duchesse. — Trompé par Sancho, il prend une paysanne pour Dulcinée. 2 p. Très-belles. Avant toute lettre.

1679 — Entrée des Bergères aux noces de Gamache, la Tête enchantée, la Doloride, etc. 4 p. Belles. Avec marge. 4 25

1680 — Histoire de Don Quichotte. 12 p. In-fol. 5 50

1681 — Six sujets de la même histoire. In-4. Par Picard, Punt, etc. 1 25

1682 — Sujets divers 16 p. 4

1683 **Dandré Bardon** (D'ap.). La Naissance. Par Balechou. 2

1684 **Danloux** (D'ap.). Ah! si je te tenais. — Je t'en ratisse. 2 p. Par Beljambe. Belles ép. 3 25

1685 **Dassonville**. L'Homme buvant à même la cruche. R. D. 13. — La Mère nourrice à l'estaminet. R. D. 26. 2 p. Jolies eaux-fortes. 1 50

1686 **Delarue**. Sujets militaires. 20 p. A l'eau-forte. 2 25

1687 — Bacchanales et autres. 4 p. 1 50

1688 **Delaunay**. La Reconnaissance de Fonrose. D'ap. Aubry. — L'acte d'Humanité. D'ap. de Fraine. 2 p.

1689 — Le poète Anacréon. — La Gaîté de Silène. 2 p. 3 25

1690 — Bain public de femmes mahométanes. D'ap. Le Barbier. 5 Vayf.

1691 — Marche de Silène. D'ap. Rubens. Très-belle ép. vendu avec Rubens

1692 **Delongueil**. Halte flamande, Cabaret flamand. 2 p. D'ap. Isaac Ostade. Sup. ép. Marge. Avant la dédicace. 2 50

1693 **Delorme** (D'ap.). Nécessité n'a point de loi. 1 50

1694 **Demarcenay**. Combat de cavalerie. — Commencement d'orage. — L'Amour fixé. 3 p. 2 75

1695 **Dembrun**. Le Bouquet galant. — La Servante commode. Chez Crepy. 2 jolies p. 5

1 50 1696 **Desportes** (D'ap.). Chasse au loup et au sanglier. Par Joullain. 2 p.

1 25 1697 **De Troy** (D'ap.). La Médecine. Sup. ép. avant toute lettre — La même avec la lettre. Par Surugue. 2 p.

2 50 1698 — Le Jeu de pied-de-bœuf. Par Johnson.

2 1699 — L'Aimable accord. Par Elis.-Cath. le Tournay. Sup. ép. Toute marge.

5 1700 — Diane et Actéon. — L'Enlèvement de Proserpine. 2 p. Par Levasseur.

3 75 1701 — Joseph et la femme de Putiphar, Chaste Suzanne, etc. 6 p.

1 1702 **Dieu**. Jeune dame ayant un gigot dans son panier. D'ap. Le Roy. Sup. ép. Avant la lettre.

5 50 1703 **Drevet**. Eliézer et Rebecca. D'ap. Coypel. Très-belle ép.

1 1704 **Drouais** (D'ap.). Petite Fille faisant des bulles de savon. — Scène de l'Histoire romaine. 2 p.

11 50 1705 **Duclos**. La Reine (Marie-Antoinette) annonçant à Mme de Bellegarde ses juges et la liberté de son mari, en 1777. Très-belle ép.

0 1706 **Duflos**. L'Après-dîner, la Joie et autres. 4 petites p.

3 1707 **Dugoure** (D'ap.). Le Lever de la mariée. Par Trière.

4 25 1708 **Dumesnil**. Le Chantre à table, par Dupuis. Sup. ép. Toute marge.

Vig 6 50 1709 — Le Prêtre et le Catéchisme. — La Dame de charité. 2 p. Sup. ép. Toute marge. Olivier

Vig 2 50 1710 **Dumont**. Le Romain, l'Eau, sujets de Roland, Sujets villageois. 5 p. Olivier

2 1711 **Eisen** (D'ap.). Les Dragons de Vénus. Par Halbou.

1712 — L'Optique. — L'Espièglerie. 2 p. Par Henriquez.

1713 — Sujets d'enfants. 5 p.

1714 **Eisen** (D'ap. Charles). La Cuisinière charitable. Par Chevillet, Marge.

1715 — *Delongueil*. Concert méchanique inventé par Richard. 1769.

1716 — La Belle Nourrice. — La Jolie Fermière. 2 charmantes p.

1717 — Les Amusements. — Le Bal. — Les Plaisirs champêtres. 3 p.

1718 — Le Printemps. — L'Été. — L'Automne. 3 p.

1719 — Le Matin. — Le Soir. 2 p.

1720 — *Fischer*. La Fête à la maman. Manière noire.

1721 — *Gaillard*. L'Accord du mariage. Eau-forte pure. Sup. ép. Toute marge.

1722 — La Même. Avec la lettre. Très-belle.

1723 *Lebas*. La Comète. Très belle ép.

1724 — La Vertu sous la garde de la Fidélité. Par Lebeau. — Les Désirs satisfaits. Par Patas. 2 p.

1725 — Les Désirs satisfaits Avant la lettre, et pendant avec la lettre.

1726 — Le Jour du Mariage. Par Patas. Très-belle ép.

1727 — La Dame de charité. Par Voyez aîné.

1728 — Sujets divers. Environ 10 p.

1729 **Fortier**. Le Café Politique. Très-belle ép. Rare.

1730 **Fouché** (D'ap.). Flore. — Pomone. 2 p. Sup. ép. Marge.

1731 **Foulquier**. L'Évocation des Morts. D'ap. Loutherbourg. Belle pièce curieuse et rare.

1732 — Deux Jeunes Milords qui badinent après dîner, Matelots hollandais, italien, provençal, etc. 10 p.

1733 **Fragonard** (H.). Quatre sujets de satyres. A l'eau-forte.

1734 — Eaux-fortes d'après les tableaux des anciens maîtres, etc. 9 p.

1735 **Fragonard** (D'ap.). Les Contes de La Fontaine. 34 p. très-belles, dont 15 p. à l'eau-forte. Plusieurs rares.

1736 — *Auvray*. Les Jets d'eau.—Les Pétards. 2 p.

1737 — *Beauvarlet*. La Famille du fermier. Très-belle ép.

1738 — *Bertony*. La Gimblette. Grande pièce.

1739 — *Bervic*. La Déclaration. Grande pièce.

1740 — *Blot*. Le Verrou. Sup. ép. Avant la seconde ligne. Marge.

1741 — Le Contrat.—Le Verrou. 2 p.

1742 — *Charpentier*. La Culbute. Fac-simile. Rare.

1743 — *Choffard*. L'Enlèvement de Proserpine. — Cérès cherchant sa fille. 2 p.

1744 — *Delaunay*. Les Baignets. Avec dédicace à Mme la présidente du Plaa. État rare. — Le Petit Prédicateur à Mme Blondel. 2 p.

1745 — Les Baignets. — L'Éducation fait tout. — Le Petit Prédicateur. 3 p.

1746 — La Bonne Mère. Sup. ép. Avant la dédicace Marge.

1747 — La même. Avec dédicace.

1748 — L'Escarpolette. Rare ép. d'eau-forte pure. 1er état. Carré.

1749 — L'Escarpolette. Belle ép. Le sujet en ovale équarri.

1750 — *Dennel*. S'il m'était aussi fidèle.

1751 — *Denon*. Paysage, Bestiaux prêts à traverser un gué.

1752 — *Fessard.* Vue d'un caveau découvert à Pompeï. Sup. ép. Marge.
1753 — *Flipart.* Le Baiser dangereux. Belle ép.
1754 — *Gérard.* Sacrifice de la rose. Grande pièce.
1755 — *Godefroy.* Annette à l'âge de quinze et de vingt ans. 2 p.
1756 — *Guersand.* La Chemise enlevée. Sup. ép. Toute marge.
1757 — *Halbou.* L'Inspiration favorable.
1758 — *Macret.* La Fuite à dessein.
1759 — *Marchand.* Le Baiser.
1760 — *Mathieu.* Le Serment d'amour.
1761 — *De Paroy.* Spirat adhuc Amor, etc. Fac-simile. Rare. Bistre
1762 — *Ponce.* Le Verre d'eau. Très-belle ép. Marge.
1763 — *Regnault.* La Fontaine d'amour. Ep. avant la lettre.
1764 — La Même. Avec la lettre. — Le Songe d'amour. 2 p.
1765 — La Résistance inutile et autre. 2 p.
1766 — *Vidal.* L'Enfant chéri. — Le Premier pas de l'enfance. 2 p. Avant la dédicace.
1767 — Les jeunes Sœurs. Très-belle ép. Marge. Rare.
1768 — Pièces diverses. Environ 20 p.
1769 **François.** Études de têtes. D'ap. Eisen et autres. Fac-simile. 4 p.
1770 **Freudeberg** (D'ap.). Le Bain. Par Romanet. Avant la lettre.
1771 — La Promenade du soir. Par Ingouf. Jolie p.
1772 — La Complaisance maternelle. Par Delaunay. Avant la dédicace.
1773 — La Gaîté conjugale. — La Félicité villageoise. 2 p.

1774 — Le Soldat en semestre. Par Ingouf. Très-belle ép. Toute marge.

1775 — La Surprise. Ép. avant toute lettre.

1776 **Garnier** (D'ap.). Le Passage du ruisseau. Par Petit.

1777 **Gérard** (Marguerite). Monsieur Fanfan jouant avec Monsieur Polichinelle et compagnie.

1778 — (D'ap.). Les Regrets mérités. Par Delaunay.

1779 — Le Bouquet inattendu. Gravé par Henri Gérard. Sup. ép. avant la lettre

1780 — Le Bouquet inattendu. Sup. ép. avec la lettre Toute marge.

1781 — Les Premières Caresses du jour. — L'Espoir du retour. — L'Élève intéressante. — Je m'occupais de vous. — Je les relis avec plaisir. — C'est pour lui que je les rassemble. 10 p.

1782 **Germain.** Paysage. — Groupe de plus de 80 têtes, dont 6 de la Mort. — Scène d'intérieur villageois. 3 p.

1783 **Gillot.** La Naissance. — Le Sabbat des supplices. 2 p.

1784 — 116 vignettes pour l'édition des Fables de La Motte. In-12.

1785 — Costumes, et Fables de La Motte. 10 p.

1786 — Dessus de clavecin, gravé par Caylus et Crespy. Très-belle ép. Rare.

1787 **Glomy** (J.-B.), 1747. Charles Ier, roi d'Angleterre, décapité à Witehall le 30 janvier 1649. D'ap. B. Picart. Petite eau-forte. Rare,

1788 **Godonnesche** (Chez). Amusement champêtre. — Epitalame du roi Louis XV, 1725, allégorie sur son mariage. Avant et avec l'adresse. 3 p.

1789 **Grangeret** (D'ap.). La Vengeance des Nymphes. Sup. ép. à l'eau-forte pure, par Saint-Aubin. Marge.

1790 — Le Réveil tardif. — La Vengeance des Nymphes. 2 p. Par de Monchy.

1791 **Gravelot** (D'ap.). Le Lecteur, par Gaillard. Belle ép.

1792 — Positions du soldat pour l'exercice de l'infanterie, 1766. 12 p.

1793 **Greuze** (D'ap.). Son portrait, par Flipart. Rare.

1794 — La Philosophie endormie. Sup. ép. avant toute lettre. Cette pièce est attribuée à Greuze lui-même (c'est le portrait de sa femme).

1795 — La Philosophie endormie. Avec la lettre, *Aliamet direxit*. Belle.

1796 — L'Education d'un jeune savoyard. Marge.

1797 — *Beauvarlet*. La Marchande de marrons. — La Maman. 2 p. Belles ép.

1798 — *Beljambe*. La petite Nanette. Très-belle. Rare.

1799 — *Binet*. Annette. — Lubin. 2 p.

1800 — *Bonnet*. Études du portrait de Mme Greuze. 2 différents dirigés à droite et à gauche. — Dessin du dernier. 3 p. Sanguine.

1801 — *De Brea*. La Diseuse de bonne aventure. Grand fac-similé de dessin. Lettre grise. Très-rare.

1802 — *C...* Le Tendre Désir. Belle.

1803 — *Cars*. Le Silence ou Ne l'éveille pas. Très belle.

1804 — *Charpentier*. Le Fermier brûlé, Etude de mendiants. 4 p.

1805 — *Coron.* Vieillard assis, profil à gauche, lisant avec une loupe. Petite pièce rare.

1806 — *Danzel.* La Savonneuse. Très-belle ép.

1807 — *Delaunay.* Le Malheur imprévu. Très-belle ép. avant toute lettre. Pas entièrement terminée.

1808 — Le Malheur imprévu. Très-belle ép.

1809 — *Demeuse.* Étude de tête de la Philosophie endormie. A la sanguine. (Portrait de Mme Greuze.) Très-belle.

1810 — *Dennel.* Le Doux Regard de Colette. — Le Doux Regard de Colin. 2 p. Belles ép. Marge.

1811 *Flipart.* Jeune Fille pleurant son oiseau mort. Belle.

1812 — L'Accordée de village. Très-belle ép. Toute marge. Signée au dos.

1813 — Le Gâteau des Rois. Très-belle ép. Signée au dos

1814 — Le Paralytique, et pendant. 2 p. Signées au dos.

1815 — *Gaillard.* La Malédiction paternelle. — Le Curé. 2 p.

1816 — *Guérin.* La petite Jeannette. Sup. ép. Toute marge. Rare.

1817 — *Hubert.* Retour de nourrice.

1818 — *Ingouf.* Têtes de différents caractères. 20 p.

1819 — La Petite fille au chien. Avant toute lettre.

1820 — La Petite fille au capucin.

1821 — Le petit Napolitain.

1822 — Jeune Fille cachant son œil. Sup. ép. Toute marge.

1823 — La Fille confuse. Eau-forte pure. — La même, terminée. Sans marge.

1824 — Les Sevreuses. Toute marge.

1825 — *Lebas*. Les Ecosseuses de pois.

1826 — *Letellier*. La Fille grondée.

1827 — *Levasseur*. Le Petit Polisson. — La Jeunesse studieuse. 2 p.

1828 — Thaïs ou la Belle pénitente.

1829 — La Belle-Mère, réduction de moitié. Très-belle. Toute marge.

1830 — *Macret*. L'Offrande à l'Amour.

1831 — *Marais*. L'Hermite. Grande pièce rare. Avant la lettre.

1832 — *Martenasie*. La Lecture de la Bible. 2 p. Par différents graveurs.

1833 — *Massard* (J.). Buste de jeune Fille exprimant la surprise. Sup. ép. avant toute lettre. Toute marge. Rare.

1834 — La Vertu chancelante. Eau-forte pure. — La même, terminée. 2 p.

1835 — La Cruche cassée. Très-belle ép.

1836 — La Dame bienfaisante. Très-belle ép. Signée au dos.

1837 — La Mère bien-aimée, et pendant. 2 p. Signées au dos.

1838 — *Moitte*. La Jeune Nourrice. Avant et avec la lettre. 2 p.

1839 — La Musique. — Le Donneur de sérénade. 2 p.

1840 — La Paresseuse. Belle ép. Marge.

1841 — Costumes italiens. 8 p.

1842 — Le Geste napolitain. — Les Œufs cassés. 2 p. Très-belles ép.

1843 — *Moreau.* La Malédiction paternelle. Très-petite pièce.

1844 — Ah! madame, vous la voyez. Très-petite p. Avant la lettre.

1845 — Cruels, c'est votre loi qui le fait mourir — et autres. 3 petites p.

1846 — La bonne éducation. Sup. ép. avant la lettre.

1847 — La Paix du Ménage. Belle ép.

1848 — *Porporati.* La Petite Fille au chien. Adresse, chez Greuze, rue Thibautodé.

1849 — La Petite Fille au chien. Chez Gaillard, rue Saint-Jacques.

1850 — *Saint-Aubin.* Jeune Fille envoyant un baiser par la fenêtre, et Offrande à l'Amour. 2 p. Tirées du cabinet Choiseul.

1851 — *Schultz.* Jeune Garçon et son chien. Très-belle ép.

1852 — *Simonet.* La Privation sensible. Très-belle ép. Toute marge.

1853 — *Voyez.* Le Ramoneur. — La Servante congédiée. 2 p.

1854 — *Watelet.* La Bonne Mère et autre. 2 p.

1855 — Par divers. Fac-simile de dessins, Têtes, etc. A la sanguine. 22 p.

1856 — Sujets divers. 36 p. Pourront être divisées.

1857 **Grosmann** (D'ap.). Concerts de singes, par J.-M. Frey. 2 p.

1858 **Hallé** (Par et d'ap.). La Mort d'Antiochus. — Scènes de famille. — Joseph expliquant les songes. 5 p.

1859 **Henriquez**. Le Médecin hollandais, d'après Metzu. Sup. ép. avant la lettre. Marge.

1860 **Hilaire** (D'ap.). L'Esclave heureux.

1861 **Huet**. Le Vice forcé dans ses retranchements, 1778. Pièce curieuse anonyme, mais certainement de Huet.

1862 — Sujets d'animaux. Au trait et au lavis. 36 sujets.

1863 — Eaux-fortes, Sujets et Compositions d'animaux, Ornements. 35 p.

1864 — Fils, Poule et ses poussins, Bestiaux. 3 p.

1865 **Huet** (D'ap.). Sujets de singes. 13 p.

1866 — L'Innocence se préparant au sacrifice. — Le Sacrifice de l'Innocence à l'Amour. 2 jolies pièces ovales en hauteur.

1867 — L'Amour fait l'offrande de son cœur à Vénus. Jolie p. gravée en couleur.

1868 — *Beauvarlet*. La Garde fidèle, Chiens de chasse gardant du gibier. Colorié.

1869 — *Bonnet*. Chemise à la reine, Coiffure sans fond, Jeannette, etc. 4 jolis bustes de dame. Sanguine.

1870 — Les petits Gourmands, la Chèvre bien-aimée, les Echasses, etc. 6 sujets d'enfants, gravés en couleur.

1871 — Triomphe de Galathée, Euridice, l'Espoir heureux, les Présents, etc. 6 sujets gracieux, gravés en couleur.

1872 — La Troupe ambulante des rues de Paris. Jolie p. en couleur.

1873 — Les Moutons. Sup. ép. Fac-simile de dessin aux trois crayons.

1874 — Grande et belle Tête de dame, coiffure en cheveux. Sanguine.

1875 — *Demarteau*. Sujets d'animaux et Paysages. 25 p. sanguine.

1876 — Berger, Jeune Paysanne. 2 p. Fac-simile aux 3 crayons.

1877 — *Fessard*. La Constance, Portrait de Mimi, chienne de Mme de Pompadour. Très-belle ép.

1878 — *Godefroy*. Le Serpent sous les fleurs. Très-belle ép.

1879 — *Jubier*. Pygmalion, les Adieux du fermier, Pastorales. 6 p. gravées en couleur.

1880 — *Schmitz*. Le Chat d'Angora et sa famille. — Le Chien Bichon et sa famille. 2 p. Belles ép. Toute marge.

1881 — Études, Pastorales, divers. 19 p.

1882 — Sujets en couleur, divers. 9 p.

1883 **Hutin** (C.). Saintes Familles, Tarquin et Lucrèce, Pan et Syrinx, et les Œuvres de miséricorde. Avec différences. Avant et avec la lettre. 17 p.

1884 **Ingouf** jeune. Scène du Déluge, d'ap. Regnault. Très-belle ép. avant la lettre.

1885 **Isabey** (D'ap.). Le Départ. — Le Retour, par Darcis. 2 p.

1886 **Jeaurat**. Les Fables de La Fontaine. 10 p. in-4. Sup. ép.

1887 — (D'ap.). La Coquette. — La Dévote. — L'Econome. 3 p.

1888 — L'Heureux serin. — L'Ecureuil content. — La Belle fileuse. 3 p.

1889 — Le Remède. Sup ép. avant toute lettre. Rare.

1890 — La Place Maubert, par Aliamet. Avant la lettre.

1891 — La place des Halles. — Déménagement d'un peintre. 2 ép.

1892 — Le mari jaloux. — L'Accouchée. — Le Fiacre. 3 p.

1893 — Prométhée. — Naissance de Vénus. — Diane au bain. — Repos de Diane. 4 p.

1894 — Espièglerie, le Jeune Symphoniste, la Couturière, le Goûté, l'Accouchée, le Carnaval des rues de Paris, etc. 12 p.

1895 **Jollain** (D'ap.). La Nymphe Erigone, par Muller.

1896 **Lafage**. Bacchanale. R. D. 7. — Le Triomphe de Bacchus. R. D. 8. — Les Nymphes et Satyres au bain. R. D. 12. 3 p. originales.

1897 — (D'ap.). Bacchanales, frises, etc. 8 p.

1898 **Lafitte** (D'ap.). Les Mois républicains, représentés par des femmes. 10 p. gravées par Tresca.

1899 **Lallemand** (D'ap.). La Pêche, par Aug. Moitte. Très-belle.

1900 **Lambert** (D'ap.). Le Larcin toléré. — L'Age agréable. 2 p.

1901 **Lancret** (D'ap.). L'Occasion fortunée, par Scotin.

1902 — Les Charmes de la conversation, par Petit.

1903 — La Joie du théâtre, par Crespy fils.

1904 **Lancret** (D'ap.) Lise va changer d'humeur et de visage, par Horthemels.

1905 — Par une tendre chansonnette. Chez Antheaume.

1906 — Le même, les deux dames à droite. Eau-forte pure. — Le pendant, par Cochin 2 p.

1907 — Le Théâtre-Italien, par Schmidt.

1908 — La Danse. Eau-forte, par Desplaces.

1909 — La Coquette de village. — Les deux Amis. — La Servante justifiée. — A Femme avare galant escroc. — Le petit Chien qui secoue de l'argent. — Les Troqueurs. — Les Oies du frère Philippe. 7 p. Par Larmessin. Pourront être divisées.

1910 — Nicaise. — Le Gascon puni. 2 p. Toute marge.

1911 — Le Matin. — L'Après-dinée. — La Soirée. 3 p.

1912 — Le Printemps. — L'Été. 2 p. des Saisons, en travers. Toute marge.

1913 — L'Hiver, en hauteur, par Lebas. Belle.

1914 — L'Eau. — Le Feu. — L'Air. 3 p.

1915 — Conversation galante, par Lebas.

1916 — Partie de plaisir, par Moitte. Belle ép.

1917 — L'Adolescence, la Jeunesse, la Vieillesse. 3 p.

1918 — Les Amours du bocage.

1919 — Le Glorieux. — Le Philosophe marié. 2 p. Par Dupuis.

1920 — Grandval, par Lebas. Belle ép.

1921 — Mlle Camargo, par Cars. Belle ép.

1922 — Mlle Sallé, par Larmessin.

1923 — Le Jeu de Colin-Maillard, par Cochin.

1924 — Réduction des Contes de La Fontaine, etc. 6 p.

1925 **Larmessin**. La Jument du compère Pierre. — Frère Luce. 2 p., d'ap. Vleughels. (Contes de La Fontaine.)

1926 — Actéon métamorphosé en cerf, d'ap. Lemens.

1927 **Lavallée Poussin**. Le Pape bénissant. — Satyre faisant danser une Nymphe, d'ap. N. Poussin. Rome, 1764. 2 p. à l'eau-forte.

1928 **Lavreince** (D'ap.). Le Midi. Jolie pièce. Toute marge.

1929 — *Benossi*. On y va deux. Rare.

1930 — *De Brea*. Les deux Cages ou la plus heureuse. Belle pièce manière noire. Rare.

1931 — *Caquet*. L'Innocence en danger.

1932 — *Couché*. Les Sabots. Belle ép.

1933 — *Delaunay*. La Consolation de l'absence. Sup. ép. Sans marge.

1934 — Le Billet doux.

1935 — *Delignon*. Les Offres séduisantes. Rare ép. d'eau-forte pure. Marge.

1936 — *Dequevauvillers*. Le Contretemps. Belle ép.

1937 — École de danse. Belle ép. avant la seconde ligne.

1938 — Le Coucher des ouvrières en modes. Avant la seconde ligne.

1939 — Le Lever et le Coucher des ouvrières en modes. 2 p.

1940 — L'Assemblée au concert.

1941 — *Guttenberg*. Le Mercure de France. Marge.

1942 — *Helman*. Le Roman dangereux. Marge.

1943 — *Tresca*. Les Apprêts du ballet. Très-belle ép. avant la lettre. Rare.

1944 — *Varin*. Le Concert agréable. Avant la lettre.

1945 — *Vidal*. La Soubrette confidente. — La Marchande à la toilette. — Le Retour trop précipité. 3 p.

1946 — Les Nymphes scrupuleuses. Avant la guirlande. Coloriée et rognée.

1947 — La Balançoire mystérieuse. — Les Nymphes scrupuleuses. 2 p.

1948 — *Voyez*. Le Directeur des toilettes. Avant toute lettre. Rare.

1949 — Cinq pièces diverses.

1950 **Lebas**. Ninette (Mme Favart).

1951 — Colin-Maillard. — Les Gentilles villageoises. 2 p.

1952 — Le Courrier de Flandre. 6 p.

1953 **Lebrun** (Mme). Cupidon et sa mère. — Madame Vigée tenant sa fille. 2 p.

1954 **Leclerc** (D'ap.). La Partie de bain interrompue.

1955 — La Danse, la Vielleuse, Académies de femmes. 5 p.

1956 **Lemesle** (D'ap.). Histoire de Lazarille. 11 p.

1957 **Lemire**. Vignette allégorie, la Fortune. Pouvant servir de titre. Superbe et grande marge.

1958 — Le Gâteau des Rois.

1959 **Lemoine** (D'ap.). Iris entrant au bain, par Cars.

1960 — Hercule et Omphale. Sup. ép. avant toute lettre, avec des vers latins manuscrits dans la marge.

1961 — Hercule et Omphale. — Le Temps enlevant la Vérité. — Adam et Ève. 3 p., par Cars.

1962 — Persée et Andromède. — Hercule et Omphale. 2 p. Réduction, par Langlois.

1963 — Enlèvement d'Europe, Jacob et Rachel, Scipion. 4 p.

1964 **Lempereur**. Paysage. Jolie eau-forte. Belle ép., marge.

1965 — L'Attente du plaisir, d'après Carrache.

1966 **Lenain**. Vieillard jouant de la flûte, par Saint-Maurice et autres. 3 p.

1967 **Lenfant** (d'ap.). Le Testament de La Tulipe.

1968 **Lépicié**. Le Jeu de piquet, d'ap. Netscher. Le Jeu des échecs, d'ap. Moor. 2 p.

1969 **Lépicié** (d'ap.). La Demande acceptée, par Bervic. — L'Heureuse union, par Lebas. 2 grandes pièces.

1970 **Leprince**. Les Cinq sens. 5 jolies compositions. Très-belles ép., bistre, marge

1971 — Costumes, Sujets pastoraux et autres, Paysages, etc. 60 p. La plupart en bistre. Très-belles ép. Pourront être divisées.

1972 — Costumes russes, Habillements, Marchands, Sujets de pastorales divers, paysages, etc. Environ 100 p.

1973 **Leprince** (d'ap.). La Rose choisie et autre. Joli costume. 2 p. Fac-simile de dessins aux 3 crayons.

1974 — *Delongueil*. Les Modèles. Très-belle ép., sans marge.

1975 — *Demarteau*. 5 pièces à la sanguine.

1976 — *Fessard*. La Cage symbolique. Belle ép. d'une jolie composition.

1977 — *Helman*. Le Marchand de lunettes. — Le Nécromancien. 2 p.

1978 — *Lienard*. Les Délices de l'été, sujet gracieux.

1 75 1979 — L'Amour à l'Espagnole, par Saint-Aubin et Pruneau.

3 1980 — Le Joueur de Balalaye, le Berceau russe, etc. 4 p.

4 1981 — Vignettes, sujets et scènes de voyage en Russie. 30 p. Olivier. Savy 3.

3 50 1982 — L'Enfant chéri, Sujets divers, 13 p. 15. 18 p. 1979

2 25 1983 **Lesueur** (Mme). Érigone jouant des cimbales. Charmante petite pièce, par Guttemberg.

1 25 1984 **Loutherbourg**. Les Quatre heures du jour, Figures, Soldats, le prince Joseph des Maronites, Bonne petite sœur, Tranquillité champêtre, etc. 23 p.

2 25 1985 — (d'après), par Laurent. Mondragon en Dauphiné, le Doux repos des bergers, etc. 5 p. Belles ép., marge.

1 1986 — Le Repos de chasse de Louis XV. Eau-forte pure.

1987 — Scènes de Tom Jones, par Picot. 2 belles ép., marge. 9 p.

1988 — Le Four à chaux. 3 ép. différentes : la Prison, le Prisonnier, etc. 6 p.

1 25 1989 — L'Amant curieux, Repos du Berger, Corps-de-garde, etc. 12 p.

2 25 1990 — Winter, Skiddaw, Halte de guerriers. 4 belles pièces.

2 1991 — La petite Fermière, Sujets rustiques avec animaux. 35 p.

1 75 1992 — Sujets divers, par et d'après lui. 27 p.

8 1993 **Mallet** (d'ap.). Chit! chit! par Copia. Sup. ép., grande marge. Savy 4

3 1994 — Les Jeux de l'Amour. — Les Premiers pas. 2 p., par Beljambe. Avant la lettre. Savy 5

1995 — Les Amours à la maison, par Prot.

1996 — Le Lever, Oh! le petit monstre, la Fidélité, Comment l'esprit vient aux filles, etc., 9 p.

1997 **Marillier** (d'ap.). Héloïse prenant le voile des mains d'Abeilard, gravé par Lebeau. Belle ép., avant toute lettre.

1998 **Mark**. Vienne, 1783. Vénus et l'Amour dormant, d'ap. Francisquin, Très-belle ép., avant la lettre, marge.

1999 **Martinet**. C'est à cet autel qu'on s'engage. — Au sceptre de l'amour tout amant doit hommage. 2 p. Sup., toute marge.

2000 — L'Heureux point de vue, le Bon motif, et autres pastorales. 8 jolies petites pièces.

2001 **Massard**. Erigone, d'ap. Miéris. Avant la lettre.

2002 **Mathieu**. Le Temps orageux, d'ap. Fragonard. — Le Lac de Trasimène, d'ap. Guaspre. 2 p. Très-belles.

2003 — Offrande à Saint-Nicolas. Avant la lettre. — La même, le saint Nicolas enlevé et remplacé par une statue de la Liberté. 2 p. Rares.

2004 **Mercier** (d'ap. Ph.). Scènes de maîtres d'école, et Grivois. 4 p. Manière noire, par Faber.

2005 — Le Jeune éveillé. — La Belle dormeuse. 2 p., par Avril.

2006 **Mettay** (d'ap.). Le Satyre amoureux, par Levasseur.

2007 **Michau** (d'ap.). Les Moissonneurs. — Récréation des Moissonneurs. — Environs de Bruges. 3 p., par Lebas.

2008 **Moitte** (d'ap.). Hercule étouffant des serpents. Avant la lettre, toute marge, par Baquoy.

2009 **Monnet** (d'ap.). Départ et arrivée du condamné à cueillir le poison du bohon upas. 2 p., coloriées.

2010 — Les Baigneuses surprises. Ep. avant la lettre, et la mèche de cheveux.

2011 — Salmacis et Hermaphrodite, les Baigneuses surprises, le Désir ingénu. 3 p.

2012 **Moreau**. David et Bethzabée, d'ap. Rembrandt.

2013 — Tombeau de J.-J. Rousseau à Ermenonville.

2014 — Costume physique et moral du XVIIIe siècle.
— Déclaration de la grossesse, avant la lettre.
— Le même, avec la lettre. A. P. D. R.
— J'en accepte l'heureux présage. A. P. D. R.
— N'ayez pas peur, ma bonne amie. A. P. D. R.
— C'est un fils, Monsieur. Avant la lettre.
— Les Délices de la maternité. Eau-forte pure et terminée.
— Le Rendez-vous pour Marly. Avant la lettre.
— Le même, avec la lettre A. P. D. R.
— La Rencontre au bois de Boulogne. A. P. D. R.
— Le Lever. A. P. D. R.
— La Grande toilette. Eau-forte pure.
— Les Adieux. — La Partie de wisch. 2 p.
— Oui ou Non. Sup. ép., avant la lettre.
— Oui ou Non. Très-belle, avec la lettre.
— Le Seigneur chez son fermier. A. P. D. R.
— La Sortie de l'Opéra.
— Le Souper fin. Eau-forte pure.
Ces 19 pièces seront divisées.

2015 — Le Matin, Jeune fille et sa chatte.

2016 — Couronnement de Voltaire, en 1778, par Gaucher. Très-belle ép., avec dédicace à la marquise de Villette.

2017 — La même, avec l'adresse de Naudet. Toute marge.

2018 — Exemple d'humanité donné par M^me la dauphine (Marie-Antoinette), 1773, par Godefroy. Ép. avant la lettre, coloriée.

2019 — La même, avec la lettre. Belle ép.

2020 — Les dernières paroles de J.-J. Rousseau, par Guttemberg.

2021 — Henri IV chez le meunier, par Simonet.

2022 — Les Vœux accomplis, par Simonet, allégorie avec le portrait de M^me la comtesse d'Artois. Ep. avant toute lettre. — Le même, avec changement, le portrait de Napoléon en place, et pour titre : *le Vœu des deux nations*, chez Crousel.

2023 — Grands titres blancs, avec figures allégoriques, ornements, fleurs surmontées du portrait de Louis XV. 2 p. Très-belles ép.

2024 — Tullie faisant passer son char sur le corps de son père et autres. 4 p.

2025 **Mouchet** (d'ap.). L'Illusion. Cette pièce est le pendant de la Méprise. Très-rare.

2026 **Nattier** (d'ap.). Quand l'amour entre dans nos âmes. — Cette liqueur brillante et pure. 2 p.

2027 **Natoire**, Adoration des rois. R. D. I. Eau-forte, ovale.

2028 — Les Quatre Saisons. R. D. 4 à 7. Sup. ép., terminées par Aveline. Marge.

2029 — (D'après). Alliance de la Poésie et de la Musique. Très-belle.

2030 — Vénus, Triomphe d'Amphitrite et de Bacchus, Alliance de la Peinture et du Dessin, etc. 10 p.

2031 **Naudet** (Caroline). Armures équestres et pédestres, etc. 5 p.

2032 **Oudry.** Sujets de chasse. R. D. 1 à 4, avec Huquier. 4 p.

2033 — Le Chevreuil forcé. R. D. 2. — Le Loup aux abois. R. D. 4. 2 p. Très-belles, avant Huquier.

2034 — Le Chien braque en arrêt. R. D. 5. Second état, avant la lettre.

2035 — Le même. 3e état, avec la lettre.

2036 **Oudry** (d'ap.). Chien d'arrêt, avant toute lettre. — Basset, par Aveline. — Philax. — Surprise du renard. etc. 5 p.

2037 — Le Cerf aux abois. — La Curée faite. — Les Chiens en arrêt. — L'Arrêt du cigne. 4 p., par Huquier.

2038 — Fables de La Fontaine. Eau-forte pure, avant et avec la lettre. 20 p.

2039 — Animaux divers. 8 p.

2040 — Le Sérail de Doguin, par Daullé. Belle ép.

2041 **Ozanne.** Second cahier pour suite aux principes de dessin. 12 p. — Recueil de vaisseaux. 12 p. — Mélanges de vaisseaux, barques et bateaux, des cahiers A. B. C. 19 p. — Divers. 13 p. — Dédié à M. Rouillé et autres. 7 p. En tout 63 p. Pourra être divisé.

2042 **Ozanne** (d'ap.). Attaque de Rio-Janeyro. — L'Ile de Ré. — Attaque de Chatam, 1667. — Prise d'un vaisseau hollandais. Ostende, 1702. — Prise de Gibraltar, 1704. — 2e vue du port de Cadix. 6 p. par Dequevauvillers.

2043 **Parizau.** Recueils de figures et groupes drapés. 1762. 23 p.

2044 — Atelier de peintre, composé d'enfants, satyre, bacchante, etc. 4 p., d'ap. Larue, et le Président Molé apaisant une sédition.

2045 **Parrocel** (d'ap.). Halte de gardes françaises et suisses. 2 p. en pendant par Lebas.

2046 — Combat de cavalerie, par Preisler. Avant la lettre. Très-belle ép., marge.

2047 — Détachement de cavalerie, cavaliers, etc. 9 p.

2048 **Pattas**. La Curieuse. — L'Honnête fripon. — 2 p., d'ap. Chauveau.

2049 **Pater**. Intérieur d'un camp. Eau-forte originale.

2050 — L'Age d'or, par Delalive. Très-belle ép.

2051 — La Pintresse, par Galimar. Sup. ép., grande marge.

2052 — Le Glouton, par Filleul.

2053 — Le Bain, par Duflos.

2054 — Le Plaisir de l'été, par Surugue.

2055 — Le Baiser donné. — Le Baiser rendu. 2 p.

2056 — Roman comique de Scarron. 10 p., avant et avec la lettre. Seront divisées.

2057 — Pastorales. 2 p. en hauteur. Le Titre rogné.

2058 — Le Savetier. Réduction et autres. 3 p.

2059 **Patour**. Le Petit menteur, d'après Dure. Très-belle ép.

2060 **Pauquet**. La Comédie. — La Tragédie, d'ap. Vanloo. 2 p. Superbes ép., eau-forte pure, toute marge.

2061 — Portraits en pied pour le sacre de l'Empereur, d'après Isabey et Percier. 5 p. Eau-forte pure, toute marge. Superbe.

2062 — Pièces tirées des galeries de Florence, Palais-Royal et autres. Vignettes, in-4, d'ap. Moreau, Monsiau, etc. 39 p. Sup. eau-forte pure.

2063 **Pérignon**. Paysages. 14 p.

2064 **Peyron**. Mort de Socrate. — Socrate et Alcibiade. — Mort de Miltiade. — Vignettes, d'après Peyron. 10 p.

2065 **Picart** (B.). Très-petits sujets gracieux et avec costumes, allégories, etc. 25 p. Pourront être divisées.

2066 — Vignettes, Titres, Frontispice, Sujets sur Law, Fac-simile, etc. 15 p.

2067 **Pierre**. Fugiendo. Jolie eau-forte. Femme qui se sauve en chemise.

2068 — Jeune fille allant à l'église. — Mendiants et autres. — Frère Luce, d'ap. Subleyras. 5 p.

2069 — La Sainte Famille qui se chauffe. 1759.

2070 **Pierre** (d'ap.). Danaé. — Bacchanale, etc. 10 p.

2071 — Le Savoyard. — La Lanterne magique. — Marché au poisson. 3 p. Belles ép.

2072 **Pillement** (d'ap.). Paysages, Marines et autres, par Voolett et autres. 8 p.

2073 **Pompadour**. L'Automne, d'après un bas-relief en ivoire.

2074 — Sujets d'amours. 3 p. Sup. ép.

2075 **Queverdo** (d'ap.). L'Amoureux. — Le Rendez-Vous. 2 p.

2076 **Ramberg**. Le Rossignol. — Les Lunettes. 2 grands sujets tirés des contes de La Fontaine. Eaux-fortes coloriées.

2077 **Raoux** (d'ap.). Angélique et Médor, par Delaunay. Marge.

2078 **Ravenet**. Charity, d'après Mortimer. Belle ép.

2079 **Regnault.** Le Matin. Jeune fille laissant répandre son lait pendant qu'elle regarde deux tourterelles. Avant la lettre.

2080 — Soir. — La Nuit. 2 p., avec marge.

2081 — Le Baiser à la dérobée. Avant la lettre, marge.

2082 **Regnaud** (d'ap.). La Volupté. Avant la lettre. Junon empruntant la ceinture de Vénus. 2 p.

2083 **Renou** (d'ap.). Io surprise par Jupiter. Belle ép., marge.

2084 **Restout** (d'ap.). Anacréon. Avant la lettre.

2085 — Armide détruisant son palais, par Cochin.

2086 **Rigaud.** Sujets de galères. 6 p., toutes marges.

2087 — Sujets de siéges de galères et autres. 14 p.

2088 **Rivalz** (B.). Arris et Pœtus. 2 p. à l'eau-forte.

2089 **Robert** (d'ap.). Vous aimés cet oiseau. — Caresser une poule. 2 p. Très-belles ép.

2090 — La Cuisinière et la Dévideuse italienne. 2 p.

2091 **Romanet.** Le Sommeil, d'ap. Titien. Sup. ép.

2092 **Rosalba** (d'ap.). L'Automne. — L'Hiver. 2 p.

2093 **Saint-Aubin** (d'après Gabriel). Frère Luce. Une mère et sa fille viennent consulter un anachorète. Eau-forte pure. Très-belle. Signée : G. D. S. A. 1767, toute marge. Dans le bas, d'une vieille écriture : *Cette planche n'a jamais été finie.* Extrêmement rare.

2094 **Saint-Aubin** (Germain de). *La Pyrotech.* Pièce à l'eau-forte, très-rare. Deux papillons s'occupent de feux d'artifice.

2095 **Saint-Aubin** (Aug. de). Vignettes, culs-de-lampe, médailles. 25 p.

2096 — Allégorie. Noces de Cana, les Petits polissons, etc. 6 p.

2097 — Cérémonie d'inauguration de la statue de Louis XV.

2098 — Intérieur de salon où l'on regarde des tableaux et des estampes. Belle ép. d'une jolie petite pièce.

2099 — Soyez discret. — Comptez sur mes serments. 2 p. Très-belles, sans marges.

2100 — La Marchande de châtaignes, par le chev. de P.

2101 — Vénus anadyomène. Avant la bordure. Très-belle. — La même, avec la bordure. 2 p.

2102 — Jupiter et Léda, d'ap. Véronèse. Très-belle ép., avant la lettre.

2103 La même, avec la lettre. — Copie contrepartie. 2 p.

2104 — Tableau des portraits à la mode, par Courtois. Sup. ép., toute marge.

2105 — Le Concert. — Le Bal paré. 2 p., par Duclos. Ces pièces sont très-rares et très-curieuses pour les costumes et l'intérieur.

2106 **Saint-Non.** Le Révérend Père Alexandre de Paris, capucin du grand couvent.

2107 — La petite Charière en couche.

2108 — Concert, d'après Gravelot. Charmante eau-forte.

2109 — D'après Boucher. 3 p. D'après Fragonard. 4 p. D'après Leprince et Robert. 15 p. Pourra être divisé.

2110 **Saint-Quentin** (D'ap.). Les Bacchantes de Cythère.

2111 — Vénus endormie. Avant la lettre. — Diane endormie. 2 p.

2112 **Schenau.** Scènes et Groupes de têtes, à l'eau-forte. 11 p.

2113 — (D'après). La Brouille, par Louise Gaillard. Jolis costumes.

2114 — L'Optique renommé, l'Amour conduit par la Fidélité, le Petit marché. 3 p.

2115 — Le Ménage en désordre, par Romanet. Belle épr.

2116 — Les Premiers pas de l'enfance. — Le Maître de guitare. — Amusements russes. 3 p.

2117 **Sicardi** (D'ap.). Sa Mélodie charme les cœurs. Avant la lettre.

2118 — Le même. — Mirate che bel visino. — Comme la trovate. — Oh ! che boccone. 4 p.

2119 **Silvestre** (D'ap. Louis). Renaud et Armide.

2120 **Subleyras**. La Madeleine lavant les pieds du Christ. Grande eau-forte, avant et avec le nota. 2 ép.

2121 — (D'ap.). Le frère Luce, par Elluin. (Conte de La Fontaine.)

2122 **Tauche**. Suite de quatre petites eaux-fortes. Scènes villageoises.

2123 **Taraval** (D'ap.). Le Gouverneur du sérail choisissant les femmes, par Lemire. Avant et avec la lettre. 2 p.

2124 **Theolon** (D'ap.). Bacchus et Erigone. Jolie p. par Marchand.

2125 **Thiers**. Nymphe de fontaine, d'après Bouchardon. — Nymphes de rivières, d'après Boucher. 2 eaux-fortes. Superbes ép. toute marge.

2126 **Touzé** (D'ap.). Tableau magique.

2127 — Les Amusements dangereux.

2128 **Vanloo** (D'ap.). L'Amour menaçant,—l'Amour à l'école,—Vénus désarmant l'Amour. 3 p.

2129 — Mars et Vénus,—les Grâces. 2 p.

2130 — Erminie et le Berger, par Porporati.

2131 — Le Coucher, par Porporati. Belle ép.

2132 — La Peinture.—Échec et Mat.—Le Concert du grand sultan, etc. 4 p.

2133 — Académies, Costumes, le Coucher. 11 p.

2134 **Vernet** (J.). Marines, Tempête, Ports de France. Eau-forte pure et terminée. 21 p. Pourra être divisé.

2135 **Vien** (Par et d'après). Sultane noire, Bacchanale, Loth et ses filles. —La chaste Suzanne, etc. 6 p.

2136 **Vincent** (D'ap.). Ah! s'il voyait (Aveugle déchirant la robe d'une dame en marchant). Avant toute lettre. Rare.

2137 **Vleughels** (D'ap.). Romulus et Remus, l'Amour indiscret, le Frère Luce. 3 p.

2138 **Watteau** (D'ap.). M. de Julienne, jouant de la basse dans un jardin, près de Watteau peignant, par Tardieu.

2139 — Antoine de la Roque, par Lépicié.

2140 — La Peinture. — La Sculpture. 2 p. (Singes), par Desplaces.

2141 — Le Naufrage de Watteau à son retour de Londres. Rare.

2142 — Les Délassements de la guerre. Très-belle.

2143 — La Revanche des Paysans, par Baron. Belle et rare.

2144 — L'Automne, par Faissar. Avant toute lettre, marge.

2145 — L'Hiver, par Audran. Belle.

2146 — Vénus désarmant l'Amour. Belle, rognée.

2147 — Deux Nymphes des eaux. 2 ép., dont une 1er état.

2148 — Enlèvement d'Europe.

2149 — Retour de guinguette, par Chedel. Avant l. l.

2150 — L'Été, par Moirau.

2151 — Sous un habit de Mezetin. Belle ép. Grande marge.

2152 — Départ des comédiens italiens en 1697, par Jacob. Belle ép., marge.

2153 — Comédiens italiens, par Baron.

2154 — L'Amour au Théâtre-Français, par Cochin.

2154 bis. — Le Conteur de fleurettes, par Crépy.

2155 — La Fileuse, — le Qu'en dira-t-on? et autres. 4 p.

2156 — Galanterie d'Arlequin, par Thomassin.

2157 — Le Repos de campagne, par Desplaces.

2158 — La Danse paysanne. Sup. ép. Toute marge.

2159 — La Cascade, — la Colation. 2 p.

2160 — Les Coquettes, par Thomassin. — Le même sujet. Réduit du sens et contre-partie en très-petit. 3 p.

2161 — L'Aventurière. — Colation champêtre. 3 p.

2162 — Heureux âge! Age d'or, par Tardieu. Superbe.

2163 — L'Occupation selon l'âge.

2164 — Récréation italienne, par Aveline. Belle marge.

2165 — Les Plaisirs pastorals, par Tardieu. Superbe.

2166 — La Contredanse, par Brion. Très-belle marge.

2167 — Rendez-vous de chasse, par Aubert.

2168 — The Island of Cytherea, par Picot.

2169 — Les Plaisirs du bal, par Scotin.

2170 — L'Enseigne de Gersaint; le titre coupé.

2171 — Arabesques, Momus, les Jardins de Bacchus, la Cause badine, etc. 4 p.

2172 — Études de figures, Costumes d'hommes et de dames. 30 p.

2173 — Études de têtes, Figures, Paysages, etc. 30 p.

2174 — L'Accordée de village, et autres. 7 p.

2175 **Watteau**, de Lille. Sujets militaires. 7 p.

2176 **Watelet** (Les). Paysages, Sujets, Vases, etc. 24 p. 2 lots.

2177 **Wieilh**. Le Manége, 6 Paysages d'après nature, etc. 15 p.

2178 **Wille**. Bonne femme de Normandie et sa sœur. 2 p. Très-belles.

2179 — Sapeur des gardes suisses. Belle.

2180 — Mort de Cléopâtre. Très-belle ép.

2181 — La Liseuse, — la Dévideuse. 2 p. Belles. Avec la dédicace.

2182 — La Liseuse, — les Offres réciproques 2 p.

2183 — L'Instruction paternelle, — Mort de Marc Antoine. 2 p.

2184 **Wille** fils (D'ap.). Bouton de rose, — l'Essai du Corset. 2 p.

2185 **Ecole française**. Sujets gracieux, religieux, divers, eau-forte, etc. Environ 100 p. Sera divisé.

# ESTAMPES

## IMPRIMÉES EN COULEUR

*Manière du crayon, sanguine, etc.*

Par les maîtres qui ont gravé ces divers genres.

2186 **Anonymes.** Cinq Coiffures de dames sur la même feuille. Couleur.

2187 — J.-J. Rousseau se promenant dans les jardins d'Ermenonville. Jolie aquarelle sur trait. — Rousseau la releva, la consola et la secourut. 2 p. couleur.

2188 — Jupiter et Sémélé. Très-jolie pièce ovale aux trois crayons.

2189 — Jeune Dame lisant une lettre. Ovale aux trois crayons.

2190 — L'Amour avec le Printemps, l'Été, l'Automne. Rond, sanguine.

2191 — Le Concert. Très-jolie petite pièce ovale en couleur.

2192 — Dibutade. — Voltaire couronné. 2 petites p. couleur sur satin.

2193 — Vénus dormant. Très-jolie petite p. couleur, ovale.

2194 — Les Caresses de l'amour, et autres. 3 petites pièces.

2195 — Le Passé. — Ils en avaient besoin. 2 petits ronds couleur.

2196 — Femmes qui se mordent auxquelles on va jeter un sceau d'eau. Scène burlesque. Couleur.

2197 — Scène d'amants. Très-beau fac-simile de pastel.

2198 — Promenade du jardin du Palais-Royal. Réduction in-4 de la grande pièce de Debucourt. Couleur. Rare.

2199 — Les Espiègles, et pendant. 2 p. couleur. Rognées.

2200 — Le Retour de chasse, d'après Metzu. Couleur.

2201 — Intérieur de café, Costumes époque Louis XVI, Eau-forte vernie que l'on a commencé à peindre. Extrêmement rare.

2202 **Alix.** Costumes de l'antiquité. 20 p. couleur.

2203 — Les trois consuls, Bonaparte, Cambacérès, Lebrun, avec la présentation du consulat à vie. Couleur.

2204 — La Lanterne magique d'amour, — le Petit redresseur de quilles. 2 jolies pièces couleur.

2205 **Bartoloti.** Variety, — Constancy. 2 jolis costumes de dames, couleur, d'après Moreland.

2206 **Bartolozzi.** Vénus couchée dormant. Ovale en travers, d'ap. Carrache. Couleur.

2207 **Beuazech.** Le Couronnement de la rosière. Couleur.

2208 — Le Prix de l'agriculture, et pendant. 2 p. Très-belles sans marge. Couleur.

2209 **Bonnet.** Études pour les demoiselles. 3 jolis costumes de dames. Sanguine.

2210 — Le Décrotteur et la Marmotte, — le Crocheteur et la Bouquetière. 2 p. sanguine. Très-belles.

2211 — Toilette du matin. Très-belle ép. sanguine.

2212 — La Déclaration, — l'Amant pressant. 2 p. en noir, sans marges.

2213 — Basile et Laurette, et autre. 3 p. couleur.

2214 — L'Amant écouté, et pendant. 2 p. couleur.

2215 — L'Éventail cassé. Sup. ép. couleur.

2216 — La Jarretière, — la Belle toilette. 2 p. très-belles. Couleur.

2217 — D'ap. *Boucher*. La Laveuse. Très-beau fac-simile de dessin aux crayons noir et blanc sur papier bleu. Sup. ép.

2218 — La Petite lessive, Mère et Enfant, Groupe d'amours, etc. 5 p. sanguine.

2219 — D'ap. *Eisen*. L'Enfant en méditation, — l'Enfant qui pleure. 2 jolie p. Sanguine, toute marge.

2220 — D'ap. *Lagrené*. Études académiques de femmes. 4 p. Sanguine.

2221 — D'ap. *Leclerc*. Étude de l'Architecture, et autres têtes de jeunes filles. 2 p. Sanguine.

2222 — D'après divers. Costumes, Amours, Têtes, etc. 8 p. Sanguine.

2223 — D'ap. *Beaufort*. Diane et Vénus au bain. 2 p. Couleur.

2224 — D'ap. *Dubois de Sainte-Marie*. Le premier Pas à la fortune. Très-belle ép. d'une jolie p. Couleur.

2225 — D'ap. *Fragonard*. L'Amour découvrant Vénus couchée. Charmante p. aux trois crayons.

2226 — D'ap. *Huet*. Le petit Cavalier, le Coq secouru, les Échasses, la Chèvre bien-aimée. 4 sujets d'enfants. Couleur.

2227 — Triomphe d'Ariane et de Galathée. 2 p. ovales en couleur.

2228. — L'Automne? Scène de bacchanale. Couleur.

2229. — Le Diner. Charmante pièce. On offre de l'eau à un abbé qui s'est brûlé avec le potage. Couleur. Très-belle ép.

2230. — La Bergère satisfaite. Jolie p. Couleur. Marge.

2231. — La Troupe ambulante des rues de Paris. Sup. ép. couleur.

2232. — Les Moutons. Sup. ép. aux trois crayons.

2233. — D'ap. *Hambert*. The amiable Society.

2234. — D'ap. *Jollain*. Le Bain. Jolie p. gracieuse. Sup. ép. Couleur.

2235. **Bosio** (d'ap.). La Bouillotte. Pièce très-curieuse pour mœurs et costumes de l'époque. En noir.

2236. **Briceau**. Tête de jeune fille, d'ap. Grillet. Très-beau fac-simile aux trois crayons.

2237. **Campion**. Vues de Paris, le Château et le jardin des Tuileries, le Temple, etc. 12. Ronds. Couleur.

2238. **Caresme** (d'ap.). Jupiter et Antiope. Satyre et Nymphe. 2 p. de grandeur différente. Couleur.

2239. **Carré** et autres. Grandes Têtes d'études gravées, dont plusieurs en couleur. 7 p.

2240. **Cazenave**. Le Nid d'amours. — A l'Amour il faut se rendre. 2 grandes p. couleur.

2241. **Colinet**. Nina, d'ap. Lavreince. Couleur.

2242. **Dagoty**. L'Enfant prodigue, d'ap. Guerchin. Couleur.

2243. **Darcis**. Qui est là ? 1er état en couleur, 2e état en noir. 2 p. ovales.

2244. — D'ap. *C. Vernet*. Les Merveilleuses, noir ; — les Incroyables, couleur. 2 p.

2245 — L'Anglomane, — l'Inconvénient des perruques. 2 sujets équestres en noir. Toute marge.

2246 **Debucourt.** L'Hiver, Vue de Moscou, Village, etc. 4 p noir.

2247 — Servante congédiée, Je l'ai perdu là, Dibutade, etc. 3 p. noir.

2248 — Les Affamés. C'est, dit-on, le portrait de Dubucourt. Très-belle ép. avant la lettre, noir.

2249 — Le Tailleur. Toute marge. — Le Cordonnier. 2 p. avant toute lettre, noir.

2250 — La Coquette et ses filles, noir.

2251 — La Femme et le mari, et la Coquette. 2 p. noir.

2252 — La Dansomanie, — la Musique. 2 p. noir.

2253 — Un Gourmand, Enseigne de Corcellet. Ovale, noir.

2254 — Manières et Modes. — N° 2. Turcaret du jour prenant une leçon de tournure. — N° 3. La Promenade. — N° 5. C'est en vain. — N° 7. La Rencontre. — N° 15. N'allez pas vous perdre. — N° 21. Elle le suit. 6 p. coloriées. Toutes marges. Charmants costumes de l'époque. Très-rares.

2255 — La Paix, figure allégorique dans un encadrement de papier de couleur où se trouvent les portraits des consuls. Très-belle ép., noir.

2256 — Portrait de Mgr le duc d'Orléans Égalité. Sup. ép. Couleur.

2257 — Napoléon Ier, 1807. Profil en pied. Couleur.

2258 — Qu'as-tu fait ? et autre. 2 p. Couleur.

2259 — Pauvre Annette. Sup. ép. Avant toute lettre. Couleur.

2260 — Pauvre Annette, — l'Oiseau privé. 2 p. Couleu

2261 **Debucourt.** La Croisée. Charmante pièce en couleur.

2262 — Le même, en noir.

2263 — Jouis, tendre mère. Avant la lettre, noir.

2264 — La même, avec la lettre. Teintée de couleur.

2265 — La Rose mal défendue. Sup. ép. noir. Toute marge.

2266 — La même en couleur, rognée. — Réduction en petit, avec changement. 2 p.

2267 — Il est pris. Ovale en couleur.

2268 — Minet aux aguets. Très-belle ép., noir.

2269 — Les premiers pas de Paul et Virginie, Il est pris. Minet. 3 p. Couleur.

2270 — Oui, son arrivée fera notre bonheur, — la Bénédiction paternelle, ou le Départ de la mariée. 2 belles p. avant toutes lettres, en couleur.

2271 — Les mêmes avec la lettre, noir. 2 p.

2272 — Lubin demandant la main d'Annette à son seigneur. Sup. ép. avant toute lettre. Couleur.

2273 — Le Compliment, ou la Matinée du jour de l'an. Très-belle ép. Couleur.

2274 — Le Menuet de la mariée. Très-belle ép. Couleur.

2275 — L'Oiseau ranimé. Très-belle ép. d'une charmante p. Rare. Couleur.

2276 — L'Hiver, le Mari. Très-belle ép. avant toute lettre. Couleur.

2277 — Les deux Baisers. Charmante pièce. Très-belle ép. Couleur.

2278 — Promenade de la galerie du Palais-Royal. Très-belle ép. d'une p. très-curieuse pour les costumes de l'époque. Couleur.

2279 — La Promenade publique. Très-belle ép. d'une pièce des plus importantes sur les costumes de l'époque. Couleur.

2280 — D'ap. *C. Vernet.* La Barbe, Promenade anglaise, Route de poste, l'Aveugle, avant la lettre. Intérieur d'écurie, le Départ pour la promenade. 6 p., noir. Pourront être divisés.

2281 Oh! c'est bien ça. Très-belle p. de costumes. Sup. ép. Couleur.

2282 **Debucourt** (D'ap.) Humanité et Bienfaisance du roi (Louis XVI), 1784. Gravé par Guyot. Couleur.

2283 — Réception du décret du 18 floréal. 1er état, rare, de cette p. qui a subi des changements à chaque gouvernement. Belle ép. noire. Gravé par Legrand.

2284 — Les Voisines laborieuses, par Moitte. Le Juge ou la Cruche cassée, par Leveau. L'Heureuse Famille, par Robinson. 3 p., noir.

2285 **De Frenne.** Baigneuse, d'ap. Joullain. Très-belle ép. sanguine.

2286 **Demachy.** Molé apaisant une sédition; les Horaces, sujets de batailles. 4 p. en couleur.

2287 **Demarteau.** D'ap. *Bouchardon*, 3 têtes d'études sanguine.

2288 — D'ap. *Boucher*, Têtes d'enfants, jeunes filles, etc. 16 p. sanguine.

2289 — Pastorales, mères et enfants, etc. 8 p. sanguine.

2290 — La Pipée, bergers, etc. 10 p. sanguine.

2291 — Saintes familles. 4 p. sanguine.

3292 **Demarteau.** Jeune fille à la raquette, Mère et enfants, 4 p. sanguine.

2393 — Ninette. Jolie petite p. sanguine sans marge.

2294 — Enfants, Paysan et paysanne. 2 p. sanguine sans marge.

2295 — Scènes villageoises. 2 p. sanguine.

2296 — Les Œufs cassés, le Maraudeur. 2 p. sanguine, marge.

2297 — Bergère endormie, mère et enfants. 3 p. sanguine.

2298 — Enfants, amours, allégorie. 7 p. sanguine.

2299 — Léda. — Vénus et l'Amour. 2 p. sanguine.

2300 — Les Trois bacchantes ivres. Charmante p. sanguine.

2301 — Vénus tenant des fleurs sur son lit. Très-belle sanguine.

2302 — Bacchante dansant. Charmante p. sanguine.

2303 — Bacchante faisant manger du raisin à l'Amour. Belle sanguine.

2304 — Nymphes et tritons. Grande sanguine.

2305 — Les Laveuses. — Chaumières. 2 p. sanguine.

2306 — Léda, Vénus couronnée par l'Amour, l'Amour et les Grâces. 3 p. au 3 crayons.

2307 — Petit marchand de gâteaux. — Mère et enfants. 2 jolies p. aux 3 crayons.

2308 — Vénus parée par l'Amour. Très-jolie p. sans marge aux 3 crayons.

2309 — Ninette. Aux 3 crayons.

2310 — Jeune homme, dit le Fils de Boucher. Aux 3 crayons.

2311 — Tête de jeune fille. Fac-simile de pastel.

2312 — Têtes de jeunes filles. 4 p. aux 3 crayons.

2313 — Enfants dont l'un dort. Superbe épr. aux 3 crayons.

2314 — Groupe d'Amours. Aux 3 crayons.

2315 — D'ap. *Cochin*. La Justice protége les Arts, avant la lettre; le Paysan de Gandelu, etc. 6 p. Pourra être divisé.

2316 — D'ap. *Huet*. Le Plaisir des Amours et autre. 2 sujets d'enfants aux 3 crayons.

2317 — La Marchande de légumes et autres. 3 p. sanguine.

2318 — Attributs de chasse, singes. 4 p. sanguine.

2319 — Études d'animaux. 19 p. sanguine.

2320 — Le Jeune berger. — La Jeune bergère. 2 jolies p. aux 3 crayons.

2321 — D'ap. *Leprince*. Jeune fille en costume rayé. Aux 3 crayons et autres à la sanguine, 4 p.

2322 — D'ap. *Pierre*. Amours, études, etc. 8 p. sanguine.

2323 — *Vanloo*. Têtes, études. 6 p. sanguine et crayon.

2324 — D'ap. *Carle Vernet*. 2 grandes têtes de chevaux. Sup. toute marge, crayon.

2325 — D'ap. *Vincent*. Très-belle tête aux 3 crayons, coiffure de 1792.

2326 — Diverses études. 21 p. sanguine.

2327 **Deny**. Les Baigneuses. — Le Jeu de l'escarpolette, d'ap. Lecler. 2 p. coloriées.

2328 **Descourtis**. Le Jeune Darruder, d'ap. Swebach. Couleur.

2329 — Noce de village. Jolie p. couleur.

2330 — Foire de village. Superbe ép. noire.

2331 — Le Tambourin. — La Rixe. 2 p. d'ap. Taunay. Sup. ép. couleur.

2332 **Durruisseau**. Tête de Flore, bouquets de fleurs. 4 p. sanguine et 3 crayons.

2333 **François**. La Correction inutile. — Le Faune séduit par les plaisirs. 2 p. d'ap. Borel, couleur.

2334 — 2 têtes fac-simile, sanguine.

2335 **Gilbert**. La Belle jambe, d'ap. Parelle. Jolie p. sanguine avec six vers. Belle ép.

2336 **Guyot**. Vues du Wauxhall d'été, École de chirurgie, Maison de Jarnac et autres. Ronds en couleur. 11 p.

2337 — J. Delille, de profil, en pied, d'ap. Fauvel. Sup. ép. en couleur.

2338 — Arrivée des femmes à Versailles, 5 octobre, 1789. Sup. ép. en couleur.

2339 — Le Prince Lambesc, sabrant le Peuple aux Tuilleries. Ovale en couleur. Très-belle ép.

2340 — Première attaque du premier pont-levis de la Bastille. — Vue de la Bastille prise des fossés Saint-Antoine. — Prise du second pont-levis. — — Prise de M. Delaunay. — Jardin de la Bastille. Démolition de la Bastille. 6 p. ovales en couleur.

2341 — Première attaque de la Bastille, prise d'assaut en trois heures. Ovale en couleur.

2342 — Action courageuse qui a mérité le prix d'Amiens fondé par M. de La Tour, peintre, citoyen de Saint-Quentin. Ovale en couleur.

2343 — Intérieur d'architecture ; des femmes sont occupées à couler la lessive. Sup. ép. avant la lettre couleur.

2344 **Harriet** (d'ap.). Le Thé Parisien. Sup. ép. en bistre. Pièce curieuse pour les mœurs et costumes, toute marge.

2345 **Houel**. Paysages sanguine. 2 p.

2346 **Janinet**. Dame en domino très-élégant. Sup. ép. toute marge, en noir.

2347 — Vue de la porte Saint-Antoine, Fontaine des Innocents, etc. 12 p. rondes en couleur.

2348 — La Bourse, Palais Bourbon, l'Hôtel de Lassay. 3 p. en couleur.

2349 — Costumes. Portraits de Bellecour, Blainville, Bonneval, Brizard, Carlin, Carline, Chenard, Cheron, 2; Clairval, 2; Contat, 2; Desessart, Mme Dugazon, 2; Dugazon, 2; Dumenil, 2; Favart, Mlle Fleury, Fleuri, Granger, Josselin, Lainez, Larive, Laruette, 2; Lays, Lecouvreur, Lekain, Maillard, Molé, 2; Naudé, Olivier, Perigni, Raucourt, Renaud cadette, Saint-Fal, 2; Saint-Hubert, 3; Saint-Prix, Saint-Val, 2; Sarazin, Trial, Tue, Vanhove, Mme Vestris, 3. En tout, 54 p. en couleur. Sera divisé.

2350 — Costumes de théâtre, de caractère, etc. 32 p. noir et couleur.

2351 — Mlle *Duthé*, ovale en couleur. In-4.

2352 — Mme *Saint-Huberti*. Très-belle ép. couleur.

2353 — Tarquin et Lucrèce. Sup. ép. marge, couleur.

2354 — D'ap. *Boucher*. Amour, tu fais des jaloux. — Tu blesses, et souvent ne guéris pas. 2 charmantes pièces en couleur. Sup. ép.

2355 — L'Amour désarmé. Erigone dormant. 2 p. en rond. Très-belles ép. avant toute lettre.

2356 — La Toilette de Vénus. Très belle ép. d'une charmante p. couleur.

2357 — D'ap. *Doublet*. Le Baiser de l'amour. — Le Baiser de l'amitié. 2 jolies p. en couleur.

2358 — D'ap. *Fragonard*. L'Amour. — La Folie. 2 p. Sup. ép. toute marge, en couleur.

2359 — D'ap. *Freudeberg*. La Crainte enfantine. Couleur.

2360 — D'ap. *Gravelot*. Le Maréchal. — Le Repas des moissonneurs. 2 p. sanguine et bistre. Sup. ep. marge.

2361 — D'ap. *Lavreince*. L'Indiscrétion.—L'Aveu difficile. 2 p. gracieuses. Très-belles ép. couleur.

2362 — La Comparaison. — L'Aveu. 2 charmantes et gracieuses compositions. Sup. ép. en couleur.

2363 — D'ap. *Le Barbier*. Hébé. Ovale en couleur.

2364 — D'ap. *Ostade*. La Tabagie hollandaise, la Chaumière flamande, la Baraque rustique, le Nouvelliste, Foire hollandaise. 5 p. très-belles, en couleur, marge.

2365 — D'ap. *Pelegrini*. Les Trois grâces. Très-belle ép. avant la lettre.

2366 — Pièces diverses, études, gracieuses. 7 p.

2367 **Jubier**. Le Goûter champêtre, d'ap. Huet. Très-belle ép. couleur.

2368 **Julien**. Boby la Folle par amour. Couleur.

2369 **Lavreince** (d'ap.). Les Offres séduisantes. Charmante petite p. en rond, couleur.

2370 **Lecœur**. Fontaine du Gros-Caillou. — Des Incurables. 2 p. couleur.

2371 — Le Serin envolé, d'ap. Mouchet. Charmante p. en couleur.

2372 **Legrand**. La Saison des amours, d'ap. Challe. Couleur.

2373 **Leroy** (d'ap.). Coucou. Belle pièce en bistre, par Beljambe.

2374 **Letelier**. La Nymphe sortant du bain. Jolie p. coloriée.

2375 **Leveillé**. Les Belles vendangeuses, tête de page. 2 p. couleur.

2376 **Marin**. Le Bonnet. — La Pantoufle. 2 jolies p. gracieuses couleur.

2377 — The Welcome necos. Sup. ép. en couleur.

2378 — The Pretty Noesgay Garle. — Provoking fidelity. 2 p. en couleur, d'ap. Greuze et Parelle.

2379 — L'Odorat. — Jeune dame en déshabillé. 2 p. couleur avant l'impression de l'or.

2380 **Moret**. L'hermite du Colysée. Couleur.

2381 **Perdriau**. Le Chapeau, d'ap. Drolling. Couleur.

2382 **Petit**. Jeune fille nue couchée. Sup. ép. sanguine.

2383 **Phelipeau**. Les Amants satisfaits. — L'Amant effrayé. 2 p. en couleur, d'ap. Caresme.

2384 **Ridé**. La Vierge aux œuillets, d'ap. Raphaël. Couleur.

2385 — La Madeleine repentante, d'ap. Lebrun. Très-belle ép. avant la lettre, couleur.

2386 — La même avec la lettre, couleur.

2387 **Robert.** Enfants portant les attributs d'Hercule, d'ap. Lemoine. Couleur.

2388 **Saint-Aubin** (d'ap.). Jeune femme arrosant des fleurs. Couleur.

2389 **Sergent.** La Sollicitude maternelle. — La Tendsesse maternelle. — L'Heureuse mère. 3 p. en couleur, d'ap. Saint-Aubin.

2390 — Le Duc du Châtelet sauvé par les gardes française. — Le Royal-allemand et le prince de Lambesc, repoussé. —2 p. en couleur. Sup, ép. toute marge.

2391 — Le Prince de Lambesc entrant aux Tuilleries, sabrant le peuple. — Promenade nocturne du peuple armé. 2 p. en couleur. Sup. ép. avant la lettre.

2392 — Vue du port Louis XVI. Ovale en couleur.

2393 — Jardin du Palais-Royal avec le balon Pegase. Sup. ép. d'une charmante p. en bistre.

2394 — Honneurs rendus au cercueil de Marceau par le prince Charles et autres. Très-belle ép. d'une belle p. en couleur.

2395 — **Marceau,** général, en pied, d'après nature. Sup. ép. d'un beau portrait très-rare, en couleur.

2396 — Sujets divers, en couleur. 4 p.

2397 **Tresca.** La Jardinière, en couleur.

2398 **Vangelisty.** La Jeune flamande. Sanguine d'ap. Vischer. Marge.

2399 **Wild.** Le Grand Canal à Venise. Couleur.

2400 **Wolf.** Le Sommeil trompeur. — Le Réveil prémédité, d'ap. Boilly. 2 p. en couleur.

2401 **Wossenick.** L'Aveugle trompé, d'ap. Carême, couleur. Belle ép., marge.

## DESSINS.

2402 — Éruptions du Vésuve de jour et de nuit. 12 petites gouaches.

2403 **Anonyme.** Le Concert, d'ap. Netscher. Composition de quatre figures au crayon noir. Très-terminé pour être gravé.

2404 — Le Convoi d'Atala de Gautherot, dessin au crayon noir, terminé pour la gravure.

2405 — **Alexandre I**[er], empereur de Russie. Profil grisaille.

2406 — Charles XII. — Christine. — Gustave-Adolphe. — G. Wasa. — Linnée. — Oxenstiern. — Tortenson. — Tycho-Brahé. 8 jolis petits por-Portraits mine de plomb, format in-12, avec leurs marges, grand in-8.

2407 — **Girodet.** Beau portrait profil, crayon noir et blanc.

2408 — **Godean,** président fondateur des jésuites. trait en buste in-4. Aquarelle avec les armoiries.

2409 — **Lepeletier Saint-Fargeau.** Sépia sur vélin non terminée.

2410 — Napoléon Ier, buste et en pied, manteau impérial. 4 p. lavées et crayon.

2411 ARMAND. Dessins de Modes, 5 aquarelles.

2412 BARRE. Italien versant du vin. Au bistre.

2413 BEEKEN (H.), 1771. Homme et Abbé de profil. Aux trois crayons, médaillons ronds encadrés, 2 p.

2414 BERTHON (E.), 1848. Intérieur de Sancta-Maria. Aquarelle.

2415 BLAREMBERGHE (Van), 1775. Cimetière en Hollande et environs de grande étendue. Jolie gouache.

2416 BOILLY (F.), 1818. La Malédiction paternelle. — Le Fils puni. 2 petits dessins à la plume d'après Greuze. Imitation d'eau forte.

2417 BOILLY (Jules). Italienne et son enfant. Joli pastel sous verre.

2418 — Maison de Jacques Cœur à Bourges. Mine de plomb.

2419 — Statues d'après l'antique. 13 p. — Bustes d'empereurs romains et autres antiques. 17 p., en tout 30 p. Pourra être divisé.

2420 BOILLY. Le Concert. Belle composition de sept figures. Lavé à l'encre, rehaussé de blanc.

2421 — Le Jeu de billard. Composition capitale d'un grand nombre de figures; superbe effet de jour venant du haut. A l'encre, rehaussé de blanc sur papier brun.

2422 BOUCHARDON. Polymnie, 1. Erato, 2. Economie. 3. Figures allégoriques, statues. Sanguine.

2423 — Louis XV couronné. — Minerve couronnant la Peinture. — Porc-Epic. — Mascaron, tête de Méduse. 4 médaillons sanguine.

2424 — Fécondité. — Nymphe, etc. 3 p. sanguine.

2425 BOUCHER. Trois Nymphes couchées endormies. Beau dessin au crayon noir et blanc sur papier brun encadré.

2426 — Nymphe nue ramassant du linge. Très-beau dessin à plusieurs crayons. Encadré.

2427 — Vénus et l'Amour dormant. Beau pastel encadré.

2428 — Nymphe surprise. Aux trois crayons, sous verre.

2429 — Jolie tête de jeune femme. Charmant pastel encadré.

2430 — Cartouche entouré d'amours. Croquis mine de plomb.

2431 — Martyr traîné par des chevaux, des anges dans une gloire. Croquis à la plume.

2432 — Deux enfants, dont un dort. Crayons noir et rouge. A été gravé.

2433 — Triton sonnant de la trompe. Crayon noir rehaussé de blanc.

2434 — Les trois Grâces entourées d'amours. Croquis crayon noir.

2435 — L'Aurore, sujet pour plafond très-lumineux. Croquis crayon noir rehaussé de blanc.

2436 BOUCHOT, 1826. Pan et Syrinx. Croquis mine de plomb.

2437 BOULANGER (Louis). Jardinier bêchant. Beau dessin très-largement exécuté, à plusieurs crayons.

2438 — Scène d'assassinat; intérieur de palais. Petite aquarelle très-vigoureuse.

2439 BOURGEOIS, Rome, 1826. Vue d'Italie. Sépia.

2440 BRUNE, 1820. Terrain accidenté avec arbres. Aquarelle.

2441 CALLET, 1763. Académie d'homme. Crayon noir rehaussé de blanc.

2442 CARRACHE (Attribué à Louis). Saint Charles Borromée adorant la Vierge.

2443 CARS (L.). Académie d'Homme. Sanguine.

2444 CASANOVA. Berger et trois moutons. Au bistre.

2445 — Repos dans les montagnes. Esquisse à l'huile, composition de sept figures.

2446 CATALANI (Pietro). Femme nue couchée. Sanguine.

2447 CHAPUIS. Vues de France. Mine de plomb, 8 p. Paris, Blois, Normandie, etc.

2448 CHARDIN (Attribué à). Jeune femme mettant sa jaretière. Joli croquis crayon noir et blanc.

2449 CHASSELAT (C.). Petits dessins à la sépia ; compositions pour des romans. 5 p. in-8.

2450 CHAUVEAU. Soubassement avec figures allégoriques et trois portraits de rois. Lavé à l'encre.

2451 CHOQUET. Petits dessins pour vignettes d'ouvrages ; 9 petits dessins in-8 à la sépia.

2452 CICERI père. Joli paysage avec fabrique, saules près de l'eau. Aquarelle sous verre.

2453 CICERI. Vue d'Italie. Très-petite sépia.

2454 — Paysages, vues dans les montagnes. 3 aquarelles de différentes grandeurs ; seront divisées.

2455 COCHIN père (C.-N.). Les armes de France soutenues par deux grands anges. Très-joli dessin lavé à l'encre.

2456 CORRÈGE (D'après). La Nuit. Très-beau dessin au crayon noir, très-terminé, pour servir à un graveur ; sous verre.

2457 COUSIN (d'après Jean). Les vitraux d'Auch et Sens. 16 mines de plomb.

2458 COUTURE. Croquis. — Étude de draperie étudiée. 2 p.

2459 D. (Honoré). Sara la baigneuse dans son hamac balançant son pied dans l'eau. Pastel sous verre.

2460 DAVID (Alphonse). Grand nombre d'aquarelles et dessins : sujets d'enfants, intérieurs de famille, pastoraux, rustique, religieux, militaires, chasses, chevaux, costumes divers, de femme, XVIII^e siècle. Études de figures de femmes et autres ; seront divisées.

2461 — Sujets historiques, diverses compositions sur Charlotte Corday et Marat, etc. 9 dessins ; pourront être divisés.

2462 DAVID (Louis). La figure d'Ève, d'après Raphaël. Grande étude académique à la pierre d'Italie.

2463 DEBUCOURT. Jeune chasseur maintenant son cheval, attend à la fontaine une jeune fille qui vient chercher de l'eau. Grande et belle sépia ; a été gravée.

2464 DECAMPS. Vues en Orient, au crayon noir. Plusieurs dessins sous verres ; seront divisés.

2465 — Abreuvoir de Montmartre. Vue rare. Bistre.

2466 — Carrière avec figures. Bistre.

2467 — Turc se sauvant d'une fusillade. Superbe croquis, aquarelle.

2468 — Chevaux chargés qui viennent de traverser une rivière.

2469 — Chasseur dans les grèves. Belle sépia.

2470 — Paysage avec chasseur. Aquarelle.

2471 — Vues et scènes orientales, costumes turcs et autres, croquis à la plume et au crayon, aquarelles et sépia, nombre de dessins; seront divisés.

2472 DECAMPS (attribué à). La morte. Crayon noir rehaussé de blanc, sous verre.

2473 DEFIENNES, 1807, 8 et 9. Très-jolis petits paysages à la plume, aquarelles. 9 p.; seront divisées.

2474 DE LA FONTAINE, 1800. Costume de la jeunesse française de la fin du XVIIIe siècle, d'après Gavaudan, acteur de l'Opéra-Comique, dans le tableau des Sabines. Très-belle mine de plomb.

2475 DELAFOSSE. Académie d'homme aux trois crayons.

2476 DELARUE, 1756. Groupe de onze enfants voltigeant. Bistre. — Plus de vingt amours font une offrande sur un autel. A l'encre de Chine.

2477 — Nombre immense d'enfants et d'amours voltigeants. A la plume, lavé de bistre, 2 p.

2478 DENON. Momie debout vue devant et derrière. Encre de Chine rehaussée de blanc.

2479 — Le prince royal de Bavière, 1807. Mine de plomb sur vélin.

2480 DESHAYES, 1797. Colin-Maillard à trois figures. Crayon noir.

2481 DE TROY (d'après). Le jeu de pied de bœuf. Aux trois crayons.

2482 DIZIANI (G.). Diane et Endymion, lavé de bistre, au verso rinceau d'ornements.

2483 DUFLOS, 1782. Têtes de femmes poudrées. 2 p. sanguine.

2484 DUGOURE, architecte. Bas-relief soutenu par des lions. Pierre d'Italie.

2485 DUJARDIN (K.). Paysan assis. Croquis crayon.

2486 DUPONT (A.), 1824. Paysage en Italie avec croix. Croquis mine de plomb.

2487 DUPRÉ (Jules), 1833. Paysage avec grands arbres et bestiaux. Très-beau dessin à plusieurs crayons. Sous verre.

2488 DURAMEAU, in Roma. Vierge et Jésus. Bistre rehaussé de blanc.

2489 EISEN. Minerve, entourée des Arts, soutient un portrait au-dessus d'un cartouche. — Apollon près d'un vieillard tenant un livre ouvert, entourés de bestiaux, 1755. — 2 charmantes mines de plomb sur vélin.

2490 ENFANTIN. Ravin. A la mine de plomb, sous verre.

2491 — Paysages. A la pierre d'Italie, rehaussé de blanc, 2 p.

2492 FESSARD, 1751. Jolie dame de face en buste. Aux trois crayons, dont un encadrement ovale.

2493 FETI (Domenico). Homme agenouillé. Croquis crayon noir.

2494 FLERS. Chaumières de pêcheurs au bord d'une rivière. Pastel sous verre.

2495 — Moulin à eau entouré d'arbres. Aquarelle.

2496 — Chaumières près d'un étang. Très-belle aquarelle.

2497 — Le pont de bois. Charmant motif. Mine de plomb ; lavé légèrement.

2498 FORBIN (comte de). Vue du Vésuve prise du golfe de Naples. Aquarelle.

2499 FOUSSEREAU. Terrain accidenté près l'entrée d'une forêt. Aquarelle.

2500 — Vue d'un pont ruiné avec montagnes. Aquarelle.

2501 — Groupe d'état-major à cheval. Sépia.

2502 FRAGONARD. Croquis à la plume, ornements et supports d'architecture. 3 p.

2503 — Mère et son enfant. — Paysage. 2 p.; croquis crayon noir.

2504 — Femme posant une glace; contre-épreuve. Sanguine lavée.

2505 — Chevalier cuirassé pérorant d'autres chevaliers. Lavé au bistre, croquis.

2506 — Environ vingt amours faisant la chasse aux oiseaux avec un filet. Belle sanguine.

2507 FRAGONARD (d'après). Jeunes filles derrière les rideaux jetant des roses aux passants. Aux crayons de pastel, sous verre.

2508 GALLAIT, de Bruxelles. Fronton, la distribution des couronnes. Aquarelle.

2509 GAUTHEROT. Première pensée de son tableau d'Atala. Croquis mine de plomb.

2510 GERICAULT. Palefrenier faisant courir un cheval nu. Jolie petite sépia.

2511 — Picadores portant un taureau sur leur dos. Croquis à la plume. 2 p.

2512 — Croquis de bras, jambes, pattes, paysage lavé, costumes militaires aux crayons et lavé. 4 dessins pleins d'énergie; pourront être divisés.

2513 — Croquis d'un torse de femme et nombre de petites figures. Attribué.

2514 GOYEN (Van), 1651. Village près de l'eau avec pêcheurs dans un bateau. Aquarelle.

2515 GRANVILLE. Quand je vous dis que c'est le plus brave des hommes. A la plume.

2516 GREUZE (J.-B.). Tête de jeune fille, — de vieillard, 2 p. sanguine.

2517 — Têtes et académie de jeune fille. 5 contre-épreuves sanguine.

2518 HALLÉ. Sainte Famille. Croquis. — Académie d'homme. 2 p.

2519 — Têtes et Académies de jeunes filles. Crayon. 15 p.

2520 HENNEQUIN. Etude de Romains tués. A la plume.

2521 HESSE, 1810. Buste de jeune fille. A la sépia, ovale encadré.

2522 HUET (J.-B.), 1779. Tête de chèvre, mouton couché. 2 dessins. Mine de plomb rehaussée de blanc, sous verre.

2523 — Vache laitière. Crayon lavé de bistre, 1792.

2524 — Tête de coq. Sanguine. — Sainte Famille adorée par les anges. Bistre.

2525 — Charité romaine. — Saint Pierre délivré. — 2 compositions d'architecture de bel effet d'intérieur. A l'encre et au bistre, 1774.

2526 — Pastorale aux trois crayons.

2527 HUSSON. Paysages. Mine de plomb, légèrement lavés. 3 p.; pourra être divisé.

2528 INGRES. Portrait de sir Williams Carsnart, d'après la miniature de Clayton, Florence, 1813. Magnifique dessin à la mine de plomb, rehaussé de blanc, sous verre.

2529 — (d'après). Odalisque s'apprêtant pour le bain; elle est nue et vue de dos. Au crayon noir.

2530 JACOTET. Paysage avec chaumières, figures et bestiaux. Aquarelle.

2531 JACQUES (Charles). Vieux soldat au repos lisant. — Deux soldats, l'un en colère, l'autre descendant du lit. 2 croquis à la mine de plomb.

2532 — Petit paysage avec un laboureur et sa charrue. Au crayon noir.

2533 — Intérieur de cour avec enfants et rémouleur. Très-belle aquarelle. Rare.

2534 — Cour de ferme. Crayon noir.

2535 — Portrait de feu Campredon. Crayon noir.

2536 JANSSENS. Danse bacchanale; nombre de figures dansant. Crayon noir rehaussé de blanc sur papier bleu.

2537 JIORDANO (Lucas). Salomon adorant les idoles. Bistre.

2538 LAFITTE. Femme emportant un homme nu qui tient une bourse. Superbe dessin lavé à l'encre, très-terminé.

2539 — Projet de médailles sur la campagne d'Autriche, pour la naissance d'un prince ou d'une princesse. 29 dessins très-finement exécutés.

2540 LAGRENÉ. Académie d'homme assis. A la pierre d'Italie.

2541 LAHIRE. Sainte Famille. Pierre d'Italie.

2542 LAMI (Eugène). Napoléon Ier à cheval; au fond, des cuirassiers chargent l'ennemi.

2543 LE BRUN. Croquis sanguine pour une Assomption. —Croquis à la plume, buste de Louis XIV auquel des amours apportent des fleurs. 2 p.

2544 — Renouvellement d'alliance avec les Suisses. Composition au trait; sanguine ayant servi à la gravure.

2545 LEGRAND. Sujets pour vignettes in-8. 3 p. Au bistre.

2546 LEJEUNE. Worcester brûlé par son roi, avec la gravure et deux autres sujets faisant partie de l'Histoire. 3 dessins gouachés, in-8.

2547 LEOMENIL (Laure de). Buste de Christ couronné d'épines. Très-beau pastel. Sous verre.

2548 LEPICIÉ. Étude de femme assise. Crayon noir rehaussé de blanc.

2549 LE PRINCE. Intérieur d'une habitation au Kamschatka. A l'encre.

2550 LEROY (Séb.), 1813. Sujets pour vignettes in-8 de romans. 5 p. Sépia.

2551 — Un concert, d'ap. Giorgion. — Vénus et Vulcain, d'ap. Van Dyck. — St Roch, d'ap. Rubens. 3 dessins très-terminés pour les graveurs du musée Filhol.

2552 L'ESPINASSE (l'abbé de). Vase de fleurs et papillon. Gouache encadrée.

2553 LIGNON. Le roi de Rome. Très-belle aquarelle, miniature pour la gravure qu'il a exécutée, in-4.

2554 LORDON, 1818. Les Nymphes de Calypso se préparent à brûler les vaisseaux de Télémaque. Crayon noir.

2555 LOUTHERBOURG. Cour de ferme. Crayon lavé d'encre. — Le Meunier, son Fils et l'Ane. Au bistre. 2 p.

2556 MANTEGNE. Allégorie, femme debout dévorée par des serpents. Superbe miniature sur vélin.

2557 MICHAULT. Tête de vieillard à grande barbe, d'ap. Halé. Crayon noir et rouge.

2558 MICHEL. Vues de Paris, les quais, les boulevards, la Porte-Saint-Denis, les Tuileries, etc. 55 dessins au crayon noir; sera divisé.

2559 MIDY (A.), Bretagne, 1834. Têtes de vieillards fumant et jeune fille en regard. Aquarelle très-belle et très-vigoureuse.

2560 — Têtes de jeunes Bretons. 2 aquarelles.

2561 MOINE (Antonin). Portrait de dame à mi-corps. A l'estompe, rehaussé de blanc, effet anglais. Sous verre.

2562 MOREAU le jeune (Genre de). Entrée d'un palais, voiture à six chevaux, figures, etc. Aquarelle.

2563 MOYNIN, d'après Raphaël. Évangéliste dont un ange conduit la main. Belle sanguine.

2564 MOZIN. Vue en Flandre avec pont-levis pour passer les embarcations. Belle aquarelle.

2565 NOBLESSE, 1685. Jésus prêchant dans le désert. A la plume, sur vélin, dans le goût de Leclerc. 17

2566 OLAGNON. Têtes de Vierge et de Christ. Grandeur naturelle. Au crayon noir, très-terminé. 3

2567 OMMEGANCK. Études de bœuf et vache. Pierre d'Italie. 5

2568 OUDRY. Escalier monumental dans un parc. Crayon noir rehaussé de blanc sur papier bleu. 6

2569 PAPETY. Italienne en costume riche. Aquarelle. 20

2570 PARIZEAU. Enfant. Étude d'après Poussin pour étude. A été gravé. 0

2571 PARROCEL. Pan et Syrinx, Bacchanale. 3 croquis à la plume. 4

2572 — Croquis de cavaliers à la sanguine et crayon noir. 15 p. 5

2573 PASSAROTI. Femme nue debout. A la plume, d'une grande fermeté d'exécution. 6

2574 PIERRE. Groupe d'enfants chinois. Grisaille verte. 2

2575 — Académie d'homme. Sanguine. 0

2576 POILLY (N. de). Annonciation. Bistre rehaussé de blanc. 0

2577 PROUT (E.). Pâturages anglais, vaste étendue. Aquarelle. 42

2578 PRUDHON. Académie d'homme le genou et la main droite appuyés sur une élévation, la main gauche en l'air. Très-beau dessin, crayon noir rehaussé de blanc sur papier bleu. Sous verre. 29

2579 — Académie d'homme vu de dos. Crayon noir rehaussé de blanc sur papier bleu. — Au verso académie de femme assise. 21

2580 — Académie d'homme, non terminée. Sur papier bleu.

2581 — Académie de femme couchée. Sur papier bleu.

2582 — Tête de jeune fille. — Torse de femme. 2 croquis, crayon noir, rehaussé de blanc sur papier bleu.

2583 — Hercule et Omphale. Grand et beau dessin. Crayon noir, rehaussé de blanc sur papier bleu.

2584 — (d'après). Croquis, calques, etc., et une tête attribuée à Mlle Meyer; seront divisés.

2585 QUERELLE, officier d'état-major. Napoléon Ier, entouré de son état-major, regardant avec sa lorgnette. Aquarelle.

2586 RAFFET. Jeune fille gardant un mort exposé sur deux chaises. Croquis aquarelle. Sous verre.

2587 — Grenadier en Russie, sentinelle avancée. Sépia rehaussée de blanc sur papier gris.

2588 ROBERT, 1784. Réunion de soldats, de paysanes et d'enfants. Crayon noir. — Paysage. Sanguine. 2 p.

2589 ROMAIN (Jules). L'Astronomie, femme couchée, de la col. de sir J. Reynolds.

2590 ROQUEMONT (Eug.). Marine. Aquarelle. Sous verre.

2591 — Moulin à vent près de l'eau. Aquarelle.

2592 ROSA. Berger et ses bestiaux. Bistre.

2593 SAINT-AUBIN (A. de). La fin du bal, le jour vient, on éteint les lumières, les musiciens s'en vont. Jolie composition à l'encre.

2594 — Deux dames chantant, Dames lisant une lettre. 3 dessins. Charmants ovales au bistre. — 2 dessins à la mine de plomb et un à la plume. 6 dessins sur la même feuille.

2595 SAINT-AUBIN (Gabriel de). Allégorie pour le prince de la Paix; la Renommée montre son portrait qui domine l'Envie et la Fureur.

2596 SALVIATI. Le Christ mort, entouré de saintes femmes, prêt à être mis au tombeau. Très-beau dessin, bistre rehaussé de blanc.

2597 SARTORI (J.), 1846. Marine avec deux bateaux pêcheurs. Sépia.

2598 SCHWEICKHARDT. Homme tirant une corde. Bistre.

2599 SIMMONETTI, Roma, 1774. Prison. Grande composition d'architecture. Bistre.

2600 SOEWIED. Charrette de foin, attelage de trois chevaux. Aquarelle vigoureuse.

2601 THIENON (Louis). Montagne avec entrées de carrière. Beau dessin à la mine de plomb, dédicace signée de l'auteur, sous verre.

2602 THIERRY, architecte. Projet de monument à élever à l'Étoile, à la gloire de l'empereur, 1806. Belle aquarelle.

2602 bis. THOMASSIN fils. D'ap. Mignard, 1714. La Muse de la musique. A la sanguine.

2603 TITEUX (Alex.). Alphabet orné, composé et dessiné. Vues et détails d'Amiens, Chambord, Orléans, Rouen, etc. Environ 18 aquarelles; seront divisées.

2604 TOURNEUX (Eug.). Rêverie. Joli pastel sous verre.

2605 TREMOLIERES, 1738. Vénus, groupe statue. Crayon noir, rehaussé de blanc.

2606 TROCHU. Vierge au coussin vert. Au crayon noir.

2607 VALLANT, 1826. Scène de mère orientale avec son esclave noire. Aquarelle.

2608 VALENCIENNES, à Amboise, 1775. Effet de soleil. Lavé à l'encre et au bistre. — Vue d'Italie. A l'encre. 2 p.

2609 VAN LOO (C.). Académies d'hommes. 3 p. A la sanguine, avec une gravure — homme à cheval, Crayon noir. 4 p.

2610 VERNET (attribué à Horace). Tête de Napoléon Ier. Sépia très-énergique.

2611 VIGNERON. Napoléon Ier décorant sur le champ de bataille en Russie. Lavé à l'encre. Au revers, Mad. la duchesse d'Angoulême. Tête non terminée.

2612 — Alexandre Ier. — François II. — Frédéric-Guillaume. — Guillaume III. — Pie VII. — Wellington. — Louis XVI. — Marie-Antoinette. — Elisabeth. Enghien. — Louis XVIII. — Charles X. — Duc d'Angoulême, — de Berry. 14 portraits in-8 à la mine de plomb.

2613 WATTEAU (A.). Deux têtes de femmes très-jolies. Aux trois crayons, charmant dessin sous verre.

2614 — Tête de Pierrot. Sanguine, rehaussé de blanc.

2615 WILLE (J.-G.), 1781. Cour de ferme. Bistre.

2616 WITERBROEECK. Paysage avec puits. A la plume, lavé.

2617 ZUCCARO. Chevalier aux genoux du pape. Lavé à l'encre. — Ecce homo. Lavé au bistre. 2 dessins.

2618 Album de 38 aquarelles et dessins, par J. Boilly, 3. Cabat, Ciceri, Clerian, A. David, Decamps, 6. Dem, Deveria, Diaz, 2 J. Dupré, Flers, Lepaulle, Longuet, Regnier, Roquemont, Schurtz, Wattier, etc., etc. Très-jolie reliure pleine, oblong., fer à froid sur les plats.

2619 MINIATURES ANCIENNES. Plusieurs différents genres.

2620 DESSINS CHINOIS. Chinoise et Chinois en pied. 2 magnifiques dessins d'une grande finesse, avec ornements en or. Sous verres.

2621 — Femmes chinoises dans leur intérieur, travaillant, etc. 4 dessins en couleur sur papier de riz.

2622 — Intérieurs de jardins chinois, avec pêcheur, etc. 2 p.

2623 — Environ 12 dessins chinois.

2624 DESSINS INDIENS. Princesa Begomsaep, Hermana del Rey Oranghseep, entourée de six de ses femmes qui lui font de la musique. Encadré.

2625 — Oiseau sur un fond d'ornement rehaussé d'or. Très-beau dessin encadré.

2626 — Indienne fumant. Ovale coupé, sur fond doré.

2627 — Cérémonie de funérailles. Composition avec nombre de figures.

2628 — Seigneur persan campé dans la campagne, fumant et prenant le café que l'on prépare près de lui. Dessin avec une note curieuse.

2629 Nombre de Dessins anciens. Diverses écoles.

2630 Nombre de Dessins des maîtres de l'école française, XVIIIe siècle. Têtes de femmes, pastels, crayons, sujets, études.

2631. Nombre d'Académies de femmes. Grand in-4 au crayon noir, sanguine et lavées. Études faites à la lampe. Seront divisées.

2632 Nombre d'Académies d'hommes. In-fol. sanguine et crayons des maîtres de la fin du XVIIIe siècle. Seront divisées.

2633 Nombre d'Académies d'hommes et de femmes. In-fol. crayon noir et estompe. Seront divisées.

2634 Nombre de têtes d'étude, par Le Barbier, Lemire et autres, qui ont été gravées par Bertrand. Seront divisées.

2635 Nombre d'études peintes, animaux, fleurs, paysages, figures, académies de femmes, sujets divers, etc.

2636 Sous ce numéro les objets non catalogués. Études pour le dessin, très-grand nombre; chevaux, fleurs, paysages, anatomie, architecture, sujets d'enfants, emblèmes, vierges, statues, sujets gracieux, religieux, costumes, portraits, lithographies, etc., etc. Formera un grand nombre de forts lots.

# TABLE

## ESTAMPES


Écoles diverses anciennes....... de la page 1 à 23
Petits maîtres allemands................ 23 à 25
École anglaise......................... 25 à 26
Estampes modernes...................... 26 à 48
Portraits par graveurs................. 48 à 63
Portraits classés par noms............. 63 à 72
Vignettes.............................. 72 à 74
Ornements.............................. 75 à 79
Vues de Paris et de France............. 79 à 80
Pièces historiques..................... 80 à 87
Costumes............................... 87 à 88
Caricatures. — Divers.................. 89 à 90
Livres à figures....................... 90 à 92
Autographes............................ 92 à 94
École Française XVIIIe siècle.......... 94 à 134
Estampes en couleur.................... 135 à 149
Dessins................................ 149 à 166



RENOU ET MAULDE, imprimeurs de la Compagnie des Commiss-Priseurs,
rue de Rivoli, 144. 5132

Je présente mes civilités
amicales à Monsieur Viguier
et je lui envoie le dessin
de Prudhon vente David.
J'ai environ 35 toiles d'études
de David et autres que je ne
remettrai à Monsieur Viguier
qu'au moment de la vente pour
ne pas l'embarrasser.

L. Grouvelle

Mr Vignères (Vente David)

6 portefeuilles dt. 1 contenant 17 sujets Erotiques, des holbein, Annison, Callot &a

1 album. Contes de La fontaine (Devéria)

1. do Costumes Italiens (L. Boilly)

1. Goya. Brochure. 80 planches.

1 dien. Caravane du Sultan à la Mecque

1. vol. Estampes. Bible.

1 do Pierres antiques

1 plan de Paris.

1 rouleau 12 gravures dt. 1 portrait de [illegible] par H Dupont, Belisaire. odalisque d'Ingres & Endymion [illegible]

1 paquet de plusieurs rouleaux d'estampes

1 paquet de calques Espagnols. —

[illegible] Vignères

[illegible]

Dalos 97 rue Menilmontant

| | | | | | |
|---|---|---|---|---|---|
| Of à la Poste 28 étrangers | 13 | 80 | | |
| 73 français | 13 | 90 | | |
| 4 —— | | 76 | | |
| 2 —— | | 38 | | |
| " londres | | 60 | | |
| 2 paris | | 40 | | |
| 1 —— | | 20 | | |
| | | 20 | | |
| | 30 | 25 | 30 | 25 |
| 2 rames de chemises a 24/ | | | 48 | |
| 3 mains | | | 4 | 20 |
| papier montage 118 / 204 ½ /4 | | | 29 | 50 |
| | | | 25 | 50 |
| 2 voyages estampes [illegible] | | | 5 | |
| | | | 142, | 45 |

Maulde et Renou, imprimeurs de la Compagnie des Commissaires-Priseurs, rue de Rivoli, 144. 5392

www.ingramcontent.com/pod-product-compliance
Ingram Content Group UK Ltd.
Pitfield, Milton Keynes, MK11 3LW, UK
UKHW020246250726
13967UKWH00004B/1530

9 782013 067416